思春期青年期ケース研究 9

暴力と思春期

○

中村　伸一・生島　浩　責任編集
思春期青年期ケース研究編集委員会編

岩崎学術出版社

「思春期青年期ケース研究」編集委員

小倉　　清（クリニックおぐら）
乾　　吉佑（専修大学）　　　　　　　井上　洋一（大阪大学）
岩田　泰子（県立神奈川こども医療センター）　牛島　定信（東京慈恵会医科大学）
生地　　新（日本女子大学）　　　　　笠原　敏彦（国立国際医療センター）
狩野力八郎（東海大学）　　　　　　　川谷　大治（川谷医院）
神庭　重信（山梨医科大学）　　　　　北西　憲二（森田療法研究所）
齊藤万比古（国立精神・神経センター）　坂口　正道（東京都立府中病院）
渋沢田鶴子（コロンビア大学・ニューヨーク）　清水　將之（三重県立小児心療センターあすなろ学園）
生島　　浩（福島大学大学院教育学研究所）　高橋　俊彦（名古屋大学）
舘　　哲朗（東海大学）　　　　　　　館　　直彦（東京慈恵会医科大学）
堤　　　啓（福岡大学）　　　　　　　中村　伸一（中村心理療法研究室）
中村留貴子（千駄ヶ谷心理センター）　　中安　信夫（東京大学）
成田　善弘（椙山女学園大学）　　　　樋口　輝彦（昭和大学藤が丘病院）
本間　博彰（宮城県子ども総合センター）　溝口　純二（東京都精神医学総合研究所）
村上　靖彦（名古屋大学）　　　　　　守屋　直樹（社会保険埼玉中央病院）
若林愼一郎（金城学院大学）

刊行にあたって

　思春期青年期ケース研究のシリーズを刊行するにあたり，若干の事柄にふれておきたい。
　わが国で思春期・青年期の症例が臨床の場で扱われるようになって，もうかなりの年月がたっている。そして今日においては，好むと好まざるとを問わず，精神科臨床に携わっている者は，等しくこの年齢群の人びとに出会うことになってきているのが実情であろう。それにしたがって，これまでにも思春期青年期精神医学に関する成書，手引書，解説書などの刊行は，翻訳されたものも含めて，もうかなりの数にのぼっているといってよい。それにもかかわらずというべきか，それとも，それだからこそというべきか，もっと臨床の実際に即したものに接したいという希望が多くなってきているという指摘が強くある。さまざまの立場の臨床家による，さまざまの臨床のありようをお互いに示しあい，お互いから学ぶということがあってもよいのではないかという声である。そこがこのシリーズの出発点になっているわけである。
　本シリーズでは理論について云々するよりも個々の治療者の持ち味，個性，考え方などを臨床例をとおして，よくもわるくも生々しく提示していただくということを目的としている。臨床の場でなされたままをさらけ出すのである。そうでなければ臨床例集としての意味が薄れると思えるからである。しかしそこですぐに問題になるのは，クライエントの秘密の保持ということである。この点に関しては各執筆者に最大限の配慮をお願いすることになった。実際，その点が一番の苦労を要したところであったと言えるのではなかろうか。クライエントの秘密を守ることと，そして臨床例から学ぶということの重さをはかることである。このことは今後ともに，

このシリーズの最大の眼目となるであろう。

　この企画のすすめ方については，本筋，以下のようにとりきめている。各シリーズの執筆の仕方や構成は，窮屈に統一したものとはせず，編集を担当する方の裁量にまかせる。たとえば，各執筆者をまじえての座談会を最後にのせるとか，一例一例についてのコメントを編者に書いていただく。あるいは，全体を通してコメントを書いていただく。また症例によっては編集担当以外の方にコメントをいただくという具合である。場合によってはそういうコメントに対して執筆者が御自分の意見なり感想をさらに述べていただくこともありうる。その他の工夫もまたありうるであろう。

　このシリーズは，今後年2回の刊行を予定している。思春期・青年期の臨床に携わっておられる多くの方々のお役にたつことを願っている。

思春期青年期ケース研究編集委員会

はじめに

　この「思春期青年期ケース研究」のなかに，思春期の攻撃性をよく表している事例を集めてみようという企画ができた。われわれで事例提出者を推挙し，僭越ながらコメントを付けさせていただき，さらにそれらを読んでの「リ・コメント」を寄せていただくように依頼した。ここまでは順調に企画が進んだが，もともとの「攻撃性」を本書のタイトルにするかどうかで迷った。
　俗に言う「第二次反抗期」とか「疾風怒濤の時期」という言葉が思春期にはあてはまるといわれるくらいに，たしかに思春期の少年や青年達はエネルギッシュで攻撃的ではある。ただこうした攻撃的な時期がすべての青年に訪れるとするのは，過去の臨床家の描いた「神話」であることをWeiner, I. は近年の諸研究を明快に要約して論述している。
　また「攻撃性」はたとえばRycroft, C.によれば，かならずしも暴力などの破壊的な行為の源だけではないという。彼は，精神分析学者を「ほとんど例外なく，攻撃性を憎悪，破壊性およびサディズムと等しいものとするが，それはこの語の語源（ad-gradior：私は前進する）にも反するし，また，力動性，自己主張，膨張性，動因といったこの語の伝統的意味にも反する」と批判している。たしかに英語のaggressiveには「進取の気性に富んだ」とか「果敢な」などの肯定的で積極的な意味もある。
　そこで「攻撃性」をタイトルから外し，かわりに「暴力」とした。この方が，執筆者も具体的な事例が浮かびやすいであろうし，事例への対応もより具体的になるだろうと考えたしだいである。
　執筆者の専門領域も保護観察所や少年院といった矯正保護機関（田中研

三，細水令子），精神科領域での精神科医（広沢正孝）とソーシャルワーカー（和田多佳子），さらに開業臨床心理士（吉川悟）と広く依頼した。特に「いじめ」については教育相談の専門家である臨床心理士（岡本淳子）に執筆を依頼し，この論文については現場の教育事情に精通している近藤邦夫氏に特別にコメントを寄稿していただいた。この場を借りて感謝したい。

　こうして出来上がった本書は，予想したとおりほとんどの事例において具体的であり臨場感の伝わってくるものとなった。「攻撃性」ではなく「暴力」とした甲斐があったように思っている。しかも，見事な成功例ばかりではないところにも，われわれ編者としては執筆者の投稿への勇気をたたえると共に，本書の現実味を増してくれたことに深謝したい。

一般的に言って，対応に苦慮する「暴力」とは，暴力を振るっているものも，振るわれているものも同じくらい恐怖におののく事態である。治療者あるいは援助者であるわれわれの身の安全が保証されていない状況での対応は事態を悪化させることが多いし，お互いにとっても悲劇的な結末となりかねない。こうした「暴力」に対して各執筆者が忌憚なくそれぞれの場での実践を語ってくれている本書が，暴力的な青少年に対処する際の参考になってくれることを願っている。

参考文献

Weiner, I : Psychological Disturbance in Adolescence. 2nd ed. Ch. 1. Normality and Abnormality Adolescence. pp.1-26, John Wiley & Sons, Inc, 1992.

Rycroft, C : A Critical Dictionary of Psychoanalysis. London : Nelson, 1968.

　　　　　　　　　　　　　　　　　　　　　　　中村伸一，生島　浩

も　く　じ

刊行にあたって

はじめに
　●中村　伸一，生島　浩 ……………………………………………………3

① 剣道の強制が原因と語る家庭内暴力の一事例 …………7
　　――なにをどうして欲しいかがわかるまで――
　●吉川　悟
　コメント1　●中村　伸一 ………………………………………………26
　コメント1を読んで …………………………………………………………30

② 難治な家庭内暴力の入院治療について ……………………33
　　――チーム医療の視点から――
　●和田多佳子
　コメント2　●中村　伸一 ………………………………………………51
　コメント2を読んで …………………………………………………………55

③ 特定不能の人格障害と診断された粗暴な少女の事例 ……57
　●細水　令子
　コメント3　●生島　浩 …………………………………………………75
　コメント3を読んで …………………………………………………………79

4 放火を起こした女子分裂病の症例 ……………………… 81
●広沢　正孝
コメント4　●中村　伸一 ……………………………………… 99
コメント4を読んで ……………………………………………… 103

5 いじめによる傷害致死の事例 ………………………… 107
●田中　研三
コメント5　●生島　浩 ……………………………………… 124
コメント5を読んで ……………………………………………… 128

6 いじめ問題の解決に向けて …………………………… 131
――中学生に対するグループアプローチ――
●岡本　淳子
コメント6　●近藤　邦夫 …………………………………… 150
コメント6を読んで ……………………………………………… 155

1

剣道の強制が原因と語る家庭内暴力の一事例
――なにをどうして欲しいかがわかるまで――

吉川　悟

I　はじめに

　一時期マスコミの眼から遠ざかっていた家庭内暴力が，一昨年頃より再度注目されるようになった。２つの事件が象徴的であろう。首都圏で起こった家庭内暴力の息子を父親がバットで撲殺した事件，新潟の拉致監禁事件が長期化した要因としての家庭内暴力である。前者の特徴は，「精神科医からの指示に疲れ果てての犯行」とのこと。後者は「数回の精神保健関連機関への相談が不成立に終わった」とのこと。これらの特徴は，精神症状を呈していない家庭内暴力が精神科医療の現場には馴染まない事例として扱われていることを象徴している。
一方的で圧倒的でかつ習慣的な家庭内暴力は，われわれが日常的に見かける字義通りの「暴力」と一線を画して考えるべきものである。それは，精神的な問題であるが故の区別としてではなく，援助者の側がもつ「暴力」と非援助者の一部（多くの場合，母親か両親，同胞や祖父母を含む）の体験している「暴力」には，大きな隔たりがあるからである。なぜなら，「被害」を受けているはずの両親や「加害」を与えている患者のそれぞれが，暴力に対する通常とは異なる理解を示していることも少なくないから

である。

　本論においては，家族療法の治療過程で見られた患者の暴力の内容の扱い方を中心に，家庭内暴力の事例に対する援助や取り組みの中で，不可欠な要点を浮き彫りにしたいと考える。

　本事例の治療者は，家族療法（システムズアプローチ）の立場の治療を行っており，一般的な心理療法・精神療法の治療者の言動とは異なる治療的対話が多く見られる。その詳細については，後の中村氏とのディスカッションに譲るものとしたい。

II　事例の概要

　主　　訴：家庭内暴力を主とした訳の分からない言動や暴力行為の繰返し。
　患　　者：高校2年生男子。
　家族構成：父親（会社員），母親（パート），兄（大学生），患者の四人家族。
　既 往 歴：小児喘息が4歳頃よりあり，幼稚園時にはたびたび入退院を繰り返していた。
　現 病 歴：7歳より父親の薦めでやっていた剣道場で練習生であった顧問から，中学校入学時に剣道部に誘われて入部し，2年生より主将となり，県内でも優秀な成績を収めていた。高校進学のときに，他校から剣道の特別推薦の話で誘われたが，兄が行っていた進学校に余裕で入学できる学力をもっていたため，「実力で高校へ行く。剣道はもうしない」と決意するに至った。

　しかし，高校入学後，剣道部の顧問から執拗に呼び出され，家庭では「やりたくない」と何度もこぼしていたが，「大学進学には有利」ということで，仕方なく入部した。最初は前向きに練習にも参加していたが，成績の著しい低下が見られたため塾に通いはじめ，そのうち練習を休むように

なり，1年生の3学期には退部した。剣道部と塾を両立のため時間短縮する目的で，母親が学校まで本人を迎えにいくことが日常的であったが，その車内で「どうして剣道をさせたのか，そのせいでこんなことになった」などと，剣道をさせたことに関する愚痴を繰り返していた。その頃より，帰宅時にゲームセンターに行くための金銭的要求がエスカレートし，それに従わない母親に対して無理な注文をするようになった。

　退部後も家庭では一切勉強には手を着けず，自室に引きこもったままで，たまに機嫌がいいと家族と食事をしたが，ほとんどは母親に自室まで食事を運ばせるようになった。学校へは何事もなく登校してはいたが，帰宅途中にゲームセンターに行くか，帰宅して自室でテレビに耽るかを繰り返していた。この頃より父親が当直勤務のときに母親とトラブルとなることが繰り返され，激怒して怒鳴り散らしたり，物を壊したり，母親を突き飛ばすなど，暴力的な言動が見られるようになった。そのため，父親が何度か注意をするために本人の部屋に行くようになったが，父親に顔を合わさなくなり，よりいっそう自室に引きこもるようになった。

　2年生の1学期中間テストの後，成績を心配した母親が「このままでは大学どこへも行けなくなるよ」という一言を契機に激高し，「誰のせいでこんなことになったと思ってるんじゃ！」と母親に暴力を振るい，その後帰宅した父親が説諭するために自室に来たときに「うるさい，おまえの顔なんか見たくない！　ごちゃごちゃあのばかに言わすな！」と拳を握りしめ，壁に穴が空くほど殴り続けた。その場は兄が「気分転換しよう」ということでゲームセンターに連れ出すことで収まったが，「慰謝料」と称してその後も金銭的要求はエスカレートし続けた。

　1学期の期末テストの後，「俺はもう学校へは行かない」と母親に宣言し，テストの後に無断欠席を数日繰り返したため，母親が養護教諭に相談をはじめ，両親で相談に行ったが，夏休みの間も数回暴力が見られたため，「9月になって登校したとしても専門機関に相談をするように」と提案され，来談した。

臨床場面：精神科クリニックの外来（自費診療部門／思春期外来）

Ⅲ　治療経過

1．初回面接（X年9月10日）

　両親だけが来談した。まず母親は，いかに息子の暴力がただごとではないかを切々と訴え，具体的なエピソードをかねて，現在の事情を語り続けた。それを横で父親は押し黙ったまま聞き入っており，折に触れて自分の判断と異なる部分だけを補足的に説明した。

母：そりゃ先生，ただごとじゃないです。2階から食事をぶちまけたり，「金出せ！」と言ってバットを持って追いかけられたりします。この間なんか，お金の入った鞄を持って車に逃げ込んだんです。すると，「金出さないなら叩き割るぞ」，とこうです。仕方がないので窓を少し開けて「1万円しかない」というと，「カバンを見せて見ろ」というので，財布を隠してカバンを渡したら，保険証を取り出して，「あと2万持ってこなかったらこれは明日には破って捨てるからな！」とこうです。

父：まあ，その時の顔つきは普通じゃないです。目がこんな風につり上がって……。

母：お父さん，そんなもんじゃないわよ，私の時は。先生，もうあれは病気ですかね。

Th：どうでしょう，他にどんなときに怒り出すんですか？

母：それに勉強を全然しないんです。もともとは出来ていて，学校でも上位だったんです，入学したときは。でも，こうなってからは全然やりません。それで成績が悪いと荒れます。

Th：悪いってどのくらいですか？

母：そりゃ，今は真ん中くらいですかね，あの学校じゃ。

Th：あの学校で真ん中って，それなりにやってないと取れないじゃないですか。

母：そりゃ，塾に行っていますから。塾ではやっているみたいです。でも，それも大変だったんです。前の塾を辞めると言い出して，新しい塾にこの春から代わったんですけど，そこが合わないとわかって，「おまえらがあんな塾だとわからんままに行かせた。元の塾へは戻れん！　なんとかしろ」と，こうです。仕方ないので別の今の塾にお願いしに行って，やっと落ち着いたんです。

父：たしかにあの塾はあの子には合ってなかった。自分でやる気のある子だけが伸びるという方針やったから，あの子は強制されるような雰囲気がないとあかん。

Th：彼は自分でやるより，言われてやるタイプなんですか？

父：そうです。小さいころからあれこれ言ってやらないと，何もできないし……。

母：それはお父さんがそうしてしまったんですから……。

父：おまえが甘やかしていたから，俺が怒ってやらせていただけやろ。

母：違いますよ，お父さんが怒ってばっかりだったから，私があれこれしてやっていただけでしょう。高校の剣道のことだってそうでしょう。私はあの子に勉強させたかったから『無理しないで先生に断りなさい』って言ってたのに，お父さんが『クラブをやっていたら入試に有利だ』とか言って，やるように言ったんでしょう。それなのに，あの子は私がやらしたみたいに言って，『おまえが止めさせなかったからや。あのおっさんがごちゃごちゃ言ってたのをおまえが止めなかったからや』って恨まれることになって……。（以下省略）

　患者の暴力を伴う逸脱行動は，家庭の中だけで示されており，患者の日常的な行動も違和感のあるものは少なかったため，学校関係者や近親者などは，母親からの訴えを聞くまでは，一切事実について気がついていなかった。しかし，実際の暴力行為は，「母親への容赦のない直接的暴力・父親に対しても威嚇や脅しの言動・非常識な行動・暴力を抑制しようとする行為への強い反応と暴力」など，事件として成立しかねない状況であった。

まず治療者は，患者の興奮を引き起こすような働きかけの中止を指示し，患者からの要請に対しては極力応じながらも，両親に自己卑下の言動を多用するように指示した。それは，「あなたに言われてしか気がつかなくてごめんなさい。できるだけちゃんするから」といったものであった。これによって不必要な興奮を抑制することができ，ある程度暴力の頻度を軽減できるものと考えた。

また，本人の暴力・興奮が激化すれば「逃げること，近隣の協力を仰ぐこと，必要なら警察介入を依頼すること」を指示した。さいわい，両親は世間体よりそれぞれの身を守ることが重要で，結果的に本人を守ることになるのだという説得を受け入れた。そして，いざという時のために，近隣の派出所に事前に両親で介入を依頼することがあるかもしれない旨の相談に行くように指示した（なお，この地域の警察には，他の事件で既知の担当者がおり，事前に緊急時の対応依頼を行っている）。

両親は現段階では一切の有効と思える手段がなく，とにかく指示にしたがって行動すると述べた。そして，今後の目標として，①できるだけ興奮をさせないようにすること，②患者の不安定になる要因を把握すること，③両親が対処可能なことから対応をはじめること，④登校が続くようにしながら治療を行うこと，などを確認し，今後の相談については，両親で相談をはじめながら，必要な時期に本人を治療に誘うなどの手段を講じるということとした。

2．第Ⅰ期面接（2－8回，X年9月24日からX＋1年2月5日）

その後の面接においても，母親は自分に対して暴力行為が繰り返されるため，患者が精神分裂病ではないかという疑惑に囚われ続けていた。そのため数回入院という話題が提示されたが，個々の暴力場面でははっきりとした母親の対応に絶えかねての反応や，誘因（学校でのトラブルなど）が認められたときの暴言・暴力であるため，繰り返し患者への対応を家族内のパターンの一部として理解できるように示し，「病的であると考えてし

まうかもしれないが，病気ではなく，自分の不安を受け入れきれないときに極度に依存的になっている状態」と説明し，暴力を引き起こさないような対応を指示し続けた。

母：（一連の暴力行為のエピソードを述べた後）先生，もう何とか入院させるという方法はないですか。あれはもう病気です。

Th：お母さん，たしかに彼の行動はただごとじゃないです。でも，それはほんの短時間で，それも一つ一つ彼なりのばかげたものかもしれませんが，理由があってそれに反応しています。それに，入院させるとしたら，どうやって彼を説得するんですか。

母：誰かに来てもらって入院させるという方法はないんですか。

Th：本当の病気で，そうしないと自傷他害の危険性がある場合なら可能かもしれませんが，それでもそうそう簡単なものじゃありません。

母：あんな暴力を振るっているんですから……それでもだめでしょうか。

父：おまえ，いい加減にせえ。あの子は病気じゃないっておっしゃっているんやから，強制的に入院させるのは無理なんや。

母：でもお父さん，荒れてるときのあの子の顔，普通じゃないでしょ。

父：そうやな。先生。本当にあの子は病気じゃないんですか。

Th：本人に会ってないんで断言はできませんが，まず99％病気じゃないです。

父：そうですか，じゃあ，どうしたらいいですか。

Th：そこから考えましょう。まず，身を守ることを考えてください。お母さんに対して攻撃が向くことが多いのですから，出来るだけお父さんと一緒に帰宅するようにしてください。どこかで待ち合わせるなり，先にお父さんが帰るなり。（以下省略）

こうした小さな対応を変えていくことによって，徐々に暴力の頻度は減少・沈静化していったが，家庭内での言動は相変わらず過激なものであった。母親はビクビク怯えることが多くなり，少なくなったとはいうものの，たまに起こるこれまでより比較的ましな暴力的な行為であっても，これま

で以上に激しくなったように感じて大きなショックを受けていた。また，父親も「母親にこれ以上の対応の改善は困難」と述べはじめることで，指針の転換が必要な状況へと変化した。

そんな中，これまでにも繰り返されていた母親への金銭的な要求と暴言などに，母親が耐えられなくなり，警察介入を要請した。すでに相談に行ってあったためか，即座に警察官が2名家庭を訪問した。すでに暴力的な行為は収まってはいたが，自室に引きこもっているところに入り込んで，患者を一括した。そこでは，警察官から「親に暴力を振るっているのはおまえか。ご近所からの通報できたけど，こんな部屋で勉強ばっかりやってるからおかしくなるんじゃ。勉強なんかせんでええから，たまには運動でもしろ。彼女もいないんやろ，こんな部屋にとじこもってゲームばっかりして，俺らでも普通じゃなくなるのは当然や。それだけじゃなくて，バイトをしてみれば，親の金のありがたみがわかる。とにかくまた暴力ふるうようやったら，また来るからな！」と説諭・恫喝され，黙ったままで聞いていたそうである。警察官が帰宅後も，本人は黙って泣いていたとのことであった。

この件について，父親は批判的にこれを報告したが，治療者は母親が警察官を呼ぼうと判断したことを肯定し，必要なら今後もこのような対応を繰り返し行うことが必要であるとのコンセンサスを両親間で作るに至った。そこには「患者の意図せざる事件性の危機」や，「抑制できないことのジレンマ」というリフレイミングなどが有効であったと思われる。

3．第Ⅱ期面接（9－14回，X＋1年2月14日－9月15日）

この警察介入の後，半月くらいで，患者は突然親に内緒でコンビニの店員としてアルバイトをはじめるようになった。それまでにもアルバイトをしては辞めさせられてきたが，コンビニの試用期間中に制服を洗濯に持って帰ってきたことで気づいた父親が，内緒で本人の後を付けていき，アルバイトをしていることがわかったのである。

そこで父親は，経営者になんとかアルバイトが続けられるように依頼をし，店長から『そんな風には思えず，むしろテキパキと仕事をしているし，止めたいと言ってきても慰留する』との快諾を得ていた。本人は，試用期間も問題なく過ごし，その後も学校が終わってから3回／1週間，各4時間程度のペースで約5カ月間アルバイトは続けられた（アルバイトを止めたのは，学校規則でアルバイトが禁止であったため，教員に見つかり「止めないと学校に報告する」と説諭されたためである）。

この間の暴力は，直接的なものは少なくなり，暴言程度で収まることが多かった。しかし，他方予備校の春期講座や塾の受付などの対外的な接触を必要とする場面においては，全てについて母親の同伴を強要して連れ回し，その近辺まで来ると極度な緊張から行動が停止したため，自分が不安に感じている行動の代理を強要し，それにしたがわなかったり，適切な対応ができない場合には帰宅後暴力をふるうことも度々見られた。

母：この間もA予備校の春期講座の申込みがあったんですが，だいぶん前から申込書を持っていて，いつ申込みに行くかと思っていたんですけど，「ついて来い」と言うんで行ったんです。電車の中ではそれほどじゃなかったんですけど，予備校の近くまで来たら，いろいろ理屈を付けて行こうとしないんです。

Th：その時はもう緊張してたのかな？

母：緊張してましたね。それで，近くの公園に行ってじっと座って考え込んでしまったので，そばにいたんです。ぶつぶつあれこれいうだけで，動こうとしません。仕方がないので，「出しに行かないと間に合わなくなるよ」って言うと，「うるさい，わかってる！　行けるくらいならこんなことしてない！　黙ってろ！」と怒りだすんで，黙ってたんです。

Th：そこでどれくらいいたんですか？

母：2時間くらいですかね。寒いし，私なんか震えてきたんです。でも，あの子はじっと座ってあれこれ言ってるだけで……。

Th：どんなこと言ってました？

母：よくわかりません。
Th：そばにおられたんでしょう？
母：あんまり近づくと怖いので，ちょっと離れたところにいたんです。
Th：なるほど，それで？
母：いつまで経っても動きそうにないから，「代わりに出してきてあげようか？」と聞いたら，「それじゃ意味がない」と怒りだして，怒鳴り散らすんです。
Th：突然ですか？
母：そうです。私も怖くなって逃げたんですけど，しばらくして戻ってみると，まだ座ってました。
父：（母親に向かって）それで帰ってきたんか？
母：（父親に向かって）「もう寒いから明日にしよう」って言ったら，やっと立ち上がった。あれ以上無理させたら，どんな暴力が来るかわからないし……。
父：そこまで行っておいて，書類出せないなんて……。（治療者に向かって）それでいいんでしょうかね。
Th：とにかく無理はしなかったんでしょう？
母：はい，あれはもう異常です。予備校が近づくとガタガタ震えだして……。
Th：それで良かったんじゃないですか？
父：そうかもしれませんね。
母：でも，予備校にも行けなかったら，大学も行けないし……。
父：そんなどころじゃないやろう，無理さしてよけいにイライラするかもしれん。
Th：たしかに，予備校へ行くことで勉強しないといけないことはわかっていたみたいですが，だからといって，無理に行かせたら，よけいにしんどくなって，孤立感を強くしたかもしれないし，そうすると，よけいに暴力沙汰になることが多くなったかもしれませんよ。
母：でも，今のままじゃ行けるところなんかないですよ。

父：それゃそうやろうけど……。
Th：これで最後じゃないでしょう。まだ近くの予備校もあるし，お父さんから話してみてもらえませんか？
父：いいですけど，話をしても聞くとは思えませんが……。
Th：「お母さんから聞いたけど，大変やったなあ」っていう感じで話してみてください。「申込みに行け」みたいなことを言うと怒り出しますから，行けなかった理由があるはずなので，それを聞き出すつもりで話してください。何が気になっているのかがわかれば，対処方法を伝えることもできますから……。
父：そうですか……。なんで行けんのやろう？
Th：それがわからないから手の出しようがないんです。（以下省略）

　患者は，アルバイトのことについては一切口にせず，一方では学業成績の低下を極度に気にして補習塾に行くことや予備校の春期講座などについては，行かないといけないと思い込むようなことが繰り返されていた。しかし，両親から勉強に関するコメントをせず，むしろ体の心配を続けていただき，必要以上に本人を方向づける指示的な内容の話題をしないように依頼し続けた。その結果，母親に対しての暴力行為は落ち着きはじめていたが，高校3年生ということもあって進路を心配した母親が養護教諭からの薦めもあって担任にこれまでの事実をはじめて告げ，進路についての指導を丁寧にやっていただきたい旨を伝え，相談の有無については内密にしてもらいたいと伝えた。
　しかし，夏休み前に担任から家庭内暴力を咎めるような直接的な指摘をされ，激怒して帰宅した後，両親それぞれに対してはじめて暴力に至った。その日は，泣きながらパニックのように叫び続け，父親は毅然とした態度で「殴りたいんやったら殴れ。それで気がはれたらちゃんと話をしよう」と対応した。本人はそれを境に沈静化していったが，何も話さず自室に戻り，翌日から自室にひきこもり，不登校となった。
　ちょうど1学期の期末試験後であったため，夏期休暇の間は様子を見る

こととなったが，新学期以後もまったく登校せず，「行かない」と言い続けていた。そこで母親が心配になって養護教諭に相談し，養護教諭から治療者に連絡があって，担任共々不登校として家庭訪問をしていただくこととなった。

4．第Ⅲ期面接（15−22回，X＋1年9月22日−X＋2年3月8日）

　患者は，担任・養護教諭の訪問に際しては，自室に招き入れてちゃんとした応対をしていた。しかし，登校を薦め進学を示唆する担任に対しては，だんだんと話をしなくなったため，養護教諭だけが相談を繰り返していた。すると，養護教諭に対しては親和性を示すようになり，母親への不満や剣道部の顧問への不満をもらし始めた。傾聴に長けていたこの養護教諭は，ある程度患者が不満の全体像を話した段階で，「それらを解決するために治療を受ければどうか」という示唆を与えた。しかし，患者は「今は行かない，まず親が対応を変えてからなら，行ってもいい」と述べ，養護教諭は「治療者にあなたの意向を伝える」と述べた。

　しかし，患者はその後も自室に引きこもり続け，両親が話しかけても，一切話に応対せず，夜中に壁を叩くということなど，イライラしていることが示すことが繰り返された。そして，患者は「こんなに休んでしまっては，行けない」とこの時期に退学の意思を強くしていった。両親は「何とか卒業させたい」と登校させるための働きかけをあれこれ考え，いくつかは試しもしたが，「やめる。あんなとこ，行けるわけない」と言い続けたため，両親も出席日数が切れるまで様子を見るしかない状態となり，結果的に留年の宣言を担任が家庭訪問によって伝えることとなった。

　そこで治療者は，これまでの出席時間数を一部補填すれば今年度中の卒業が可能になる単位制高校への転校を両親に示唆した。ここで両親は，この話を母親が一切せず，父親が自ら情報を集めたものとして患者に伝え，単位制高校への入学に際してのサポートを父親が使える限りの休暇を利用することとした。この決定に際しては，すでに両親間で今後の対応の予測

をしており，その具体的な出来事がたまたま単位制高校の話となったのである。

この新たな対応に，患者は父親が突然豹変したかのように感じたようで，これまでになく「入学可能かどうかを父親と話を聞きに行くこと」を了承した。単位制高校では，この種の事例に慣れた担当者が応対するとともに，父親が本人の意向以上の質疑をしたため，極度に高かった緊張が徐々にほぐれたとの報告を受けた。面接担当者から別室で待つように指示され，父親が付き添った折，手が震え，体が硬直して，ろれつも回らないほどの緊張で，父親はその場を離れる決断ができなかったほどであった。この患者の社会的な場面の行動をはじめてみた父親は，深刻に受け止めていた。

Th：彼の緊張はそんなに凄かったんですか？

父：そりゃ先生，ただごとじゃないです。あれは異常ですわ。こんな風に（拳を握りしめ，体全体を緊張させ，震える素振りをしながら）ガタガタ震えているだけで，見ていてもすぐに「こりゃおかしい」と思いました。

母：お父さん，それは私も見たことがあります。予備校の申込みのときもそう。

父：あんな緊張していたら，そりゃただごとじゃありませんわ。

Th：お父さん，どうされたの？

父：「どうしたんや」と声かけたら，「隣の部屋の人，きっと俺のことアホやと思うやろうな」とか「何話したらええんや，全然わからへん」。こんなことばっかりで，「心配せんでもええ」と言ってやって，それでも落ち着かないので，背中をさすってやったら，少しはましになりました。

Th：凄いですね，お父さん。なかなかできることじゃありませんよ。

父：（やや照れながら）いや，よくわからなかったんで……。

（中略）

Th：彼の緊張は，いつも起こるものじゃないし，彼が大事なことだと思うと，あれこれ考えすぎてしまって，どうしていいかわけわからん状態になってしまうだけです。彼にとっては深刻ですが，ちゃんと治療すればす

ぐに良くなる症状です。
母：（驚いて）そうなんですか？
父：（首をひねりながら）あんなにひどいんですよ，それでもすぐに良くなるもんですか？
Th：（笑いながら）全てじゃありませんが，彼が自分の緊張を自分で作り出しています。だから，彼が緊張をコントロールできればそれで問題なくなるはずですよ。なにより，どんどん孤立していったときから，自分に自信が持てなくなっているだけで……。
父：（割り込んで）ええ，ええ，そうなんです。あの時も「自信がない」って言ってました。
Th：そうでしょう。でも，本当に能力がないんじゃなくって，その使い方でいいかどうかわからないから，それでよけいに自信がなくなってしまっています。友達との接点がなくなってしまったこともそれを助長しているし。
母：そうですね，元々友達を作るのが下手な子ですから。
父：そうやな。（以下省略）

　こうした話によって両親は「本人の来談」を意識し，日常的には可能な限り父親が話しかけるようになった。そして，入学以後，患者が行動しづらい場面では，必ず父親が付き添い，具体的な行動の指示と，患者の不安解消のための応対を繰り返した。
　紆余曲折があったが，結局その年度の受験はしないことにはなった。卒業を機に本人が引きこもってしまうのではないかとの心配をした両親は，予備校へ行くか否かの段階で，患者に強く相談に行くことの有効性を説得し，ついに患者が来談した。

5．第Ⅳ期面接（23-31回，X＋2年3月15日－X＋3年4月25日）
　来談した患者は，まさに父親に強制され嫌々やってきたことがありありと見て取れる様子であった。部屋に半強制的に父親に入れられ，座ったと

たん「何でも先生に話をしなさい。しんどいこと何でも言ったらいいんだぞ」と言われるが，椅子に深く腰掛けて前屈みになった姿勢で，治療者からまったく顔も見えないほどであった。いくつかの話を切りだしたが，壁越しの雑音を気にして顔を上げるだけで，治療者の話にたまに反応するだけで，なかなか乗ってこないままであった。10分ほど，いろいろ話しかけては見たが有効な反応や返事らしい返事がほとんどないため，一方的に連れてこられたことについてのコメントを差し挟むこととした。

Th：こんな所に連れてこられて，嫌で仕方ないのに話しかけられて，それでも座っていなくちゃならないなんて，苦痛以外の何ものでもないと思う。むちゃを言って来てもらったが，もう終わりにしよう。

Cl：（治療者の顔を一瞥し，少し考え込んで）嫌で来た訳じゃない。こんなとこで話をして，何とかなるのかなあ。

Th：（少し間を空けて）緊張しすぎると言うことはお父さんから聞いているが，今もそうだが，辛そうで見ていられない。治したいというなら治す方法はいくらでもあるよ。

Cl：（少し考え込んでから）誰かからこんないいかげんなことしてるのを怒られる方がいいのかもしれない。ガツンと言われたら治るかもしれない。違いますか？

Th：怒られるというのがいいかどうかはわからないが，怒ることも必要かもしれないし，治すために多少の無理をすることも必要かもしれないね。

Cl：そういうもんですか。怒られると思ってたし……。それ以外は治らないと思ってた。僕って根性悪いでしょ，だから。

Th：そうかな，ずいぶん素直だと思うけど。でも，今日は初めてだったし，緊張していたからかもしれないね。

Cl：（はじめて顔を上げて，頷きながら，笑い顔を見せた）

Th：じゃあ，次回から君の困っていることを聞かせて。手伝えることがあるとしたら，いろいろ相談には乗るから。

Cl：（言葉半分で立ち上がりながら，照れるように視線を合わさず）お願

いします。

Th：おつかれさま。（以下省略）

　このような会話の後，父親に入室してもらって内容を説明し，「当分来所を躊躇するかもしれないが，多少強引でも連れてきてください」と依頼した。患者は次回も来談し，「最終試験が心配なこと，予備校に行くかどうか迷っていること，慣れない場に行くと過剰に緊張すること」などを相談事として持ちかけてきた。治療者は，試験は簡単で勉強しなくても合格することを伝え，予備校にはいろいろあるなどの情報を伝えながら，進路の希望と照らし合わせた予備校を推薦した。そして，慣れない場に行く場合には，必ず父親について来てもらって一緒に行動しながら，「必要なら代理をしてくれるように依頼するようにすること」とし，父親にその旨を依頼することを約束した。少しでも緊張を下げる方法で，人に気づかれない手段として「筋弛緩法」を伝えた。

　その後も，卒業式や予備校の申込み，予備校の入学式など，いくつかのエピソードがありながらも，常に父親が一緒に行動することである程度安心して対応をしてきた。

　しかし，予備校の初日には，その場から逃げ出して神社をぶらぶらしているときに職務質問をされ，恐怖に駆られて逃げ出したところを追いかけられて，保護されるといった事件もあった。そうした中で連休頃には予備校にも慣れて，学習に身が入るようになり，1時間以上もかけて通学しているにもかかわらず，「予備校はおもしろい」と言うようになった。

　秋頃には，ほとんど勉強に没頭しており，相談にも来なくなっていた。しかし，受験前になって来談して「大学で普通に友達を作れるか，下宿をしたいが日常的なことができないのではないか，遊びたいけど遊び方がわからない」などといった心配を述べるようになった。これについても「サークルを利用すること，下宿は誰でもが慣れていないから不安があって当然なこと，遊び方は嫌々ながらもつきあいを続けていれば遊び方がわかること」を丁寧に話をすることで，納得していった。

大学受験では，希望より1ランク上の大学にも合格でき，気分を良くして下宿生活をはじめることとなった。

IV 考　察

1．暴力に対する limit setting

家庭内暴力の事例の臨床においては，主訴である暴力の改善が目的ではあるが，そのために来談者に過剰な負荷がかかり続けていることに配慮しなければならない。治療の枠組みの中だけで暴力に対する対応が可能であればそれにこしたことはないが，むしろ家庭内暴力の家族の特徴である纏綿状態（enmeshment）の結果として生じがちな閉鎖性を強調してしまう危険性が常に伴う。

本事例で取り上げたような「警察介入・近隣への避難・学校の介入」など，社会的リソースを積極的に治療の中に位置づけることが必要である。ただ，むやみに警察介入などの方法を両親などに強要することは，逆に閉鎖性を強調したり，治療そのものからの回避を生んでしまう。他の社会的なリソースも同様で，これらの介入は，結果的に患者への両親の配慮と相入れないことで，状況設定と両親の困窮の度合いに応じて示唆・決定されるべきことである。

2．暴力をパターンとして考える

家庭内暴力の場合，本人が最初から来談することは少ないため，診断に留意すべきことはこれまでにもたびたび述べられている。しかし，その診断の重要性とは別次元で，個々の暴力の意味解釈に専念するより，早急に「暴力への対応・予防手段の選択」を示唆すべきである。そのためには，暴力をパターンの一部として理解するというシステムズアプローチの認識が有効である。

単純に暴力の前後関係から「刺激→反応＝刺激→反応＝刺激→反応」と

いう行動連鎖を抽出し，その中で両親などの行動（適切・不適切に関わらず）を変えることは，本事例でも最初から行っている。単純な視点ではあるが，事例全体にこの視点を波及させることが重要なのではなく，むしろ暴力そのものに対する対応として考えるべきだと思われる。

3．被援助者の階層性

家庭内暴力では，「加害者・被害者」の構図が明確に見えるが，それは暴力という行為を通じての立場の明示にすぎない。暴力という行為を振るう暴君のように見える患者であっても，基本的には被援助者である。それは，治療という文脈において，最初は両親が被援助者で患者は加害者として登場するが，治療の進展と共に両親は治療者に対して被援助者でありながら，患者の援助者となる。

本事例においても，両親に暴力を振るった場において，それまでの母親に対する暴力の場面とは異なり，被援助者としての立場を明確に示しはじめている。これらの「援助－被援助」の関係は，いずれかが変化することを前提としているのではなく，同時進行的に起こる瞬時の変化である。したがって，治療に来談している両親にこの変化に対する枠組み上の準備を，常に持てるように働きかけることが不可欠だと思われる。

4．コミュニケーションを文脈で理解すること

暴力という行為が関係する事例全般に必要な視点は，社会的文脈での暴力に対する理解とは異なり，個々の事例・場面ごとにそれをどう捉えるかに特殊な言説が存在している。重度の家庭内暴力の事例では，加害者である患者が「両親のネグレクトの被害者」として，被害者である両親が「子どもを傷つけた加害者」として登場することも少なくない。それぞれ暴力という文脈における「加害・被害」の関係が逆転し，「援助の必要性」という文脈が優先しているかのような状況を呈している。いずれが正しいのかではなく，それぞれの言説を使いこなすことが治療者には求められる。

コミュニケーションをそれぞれの文脈によって理解し，その違いを使いこなすためには，臨床の技術的な習得とは異なる訓練が必要である。しかし，この視点は暴力の事例に対する臨床サービスの向上だけに留まらず，他の多くの事例においても有効な視点であることを付記しておきたい。

5．結　語

高校2年生男子の家庭内暴力の事例の治療経過について，その要点と一部の逐語録を付記して報告した。そして，家庭内暴力の事例への対応の要点について考察した。

参考文献

1) Andolfi, M. (1977) Family Therapy, An Interactional Approach. 石川元訳（1994）精神医療における家族療法　星和書店．
2) Bateson, G. (1955) A Theory of Play and Fantasy. APA, Psychiatric Research Reports, Ⅱ. 佐伯泰樹，佐藤良明，高橋和久訳（1986）遊びと空想の理論　精神の生態学　265-285　思索社．
3) Berg, I, K., Miller, S, D. (1992) Working with the Problem Drinker-A Solution-Focused Approach. W, W, Noirton. 斉藤学監訳（1995）飲酒問題とその解：ソリューション・フォーカスト・アプローチ　金剛出版．
4) Haley, J. (1963) Strategies of Psychotherapy. Grune & Stratton. 高石昇訳（1986）戦略的心理療法　黎明書房．
5) Minuchin, S. (1984) Family Kaleidoscope. Harvard University Press. 信国恵子訳（1986）家族療法万華鏡　誠信書房．
6) 吉川悟（1993）家族療法：システムズアプローチの『ものの見方』　ミネルヴァ書房．
7) 吉川悟（1996）近親相姦に至った不登校事例への家族療法　思春期青年期精神医学6-2　127-137．
8) 吉川悟（1997）「治療者にいじめられてきた」と訴える患者とどう会話したのか：オートポイエーシスの視点を治療の説明として　ブリーフサイコセラピー研究6　61-81．

コメント1　吉川氏とのディスカッションに向けて

中村　伸一

　私の実践でも，吉川氏の考察にあるように，「暴力にたいする limit setting」や「暴力をパターンとして考える」ことに注意を向けている。また，彼も随所で直接間接に述べているが，こうした家庭内暴力現象では，家庭，親戚，学校，警察，保健所やその他の医療機関，さらには両親の逃げ場の確保など，かなり広い範囲で治療的資源を活用する用意がなくては，なかなかに困難と危険を極める場合がある。

　あまり相応しくない例えだが，治療者が，自分もひとつの駒であるという認識をもとに，in－and－out のセンスを駆使しながら，将棋盤に乗るようなものといって良いかもしれない。既存の将棋と違うのは，このときに将棋盤の広さも駒の種類や個数も未定で，治療者が，それらの要素を見定めていく必要性がある。それぞれの駒の特徴を把握し，有機的なつながりを持たせ，問題に応じた将棋盤の広さを決めて，安全を優先したできるだけ手堅く（しかも臨機応変な）戦略を立てていく作業となる。

　また，それらの治療的資源のネットワークづくりは，事態の進行に伴って先手先手でなされなければならない。また往々にして，この大きなネットワークは方向性を見失ったり，ばらばらに機能してしまうことがある。吉川氏はこうした治療「システム」を査定し，自然に束ねて起動させることが上手い。つまり，彼には，PSW 的な援助資源利用の感覚と，家族と良好なジョイニングができ家族関係を動かせる家族療法家の感覚，そして多くの青年患者のもつ他者からの接近あるいは侵入恐怖という心情を理解しアプローチしてゆけるコミュニケーションスキルが身に付いている。なかなかこうしたセンスを同時に兼ね備えた彼のような臨床心理士は多くはいない。

この事例でも，彼のこうした手腕が随所にちりばめられている。はじめから養護教諭を視界に入れた上での両親面接，危険回避のための具体的な対応の指示，危険が生じた際の警察との連携の仕方などなど手抜かりない。

感心してばかりではディスカッションにならないので，事例の記述順にそって，いくつかの質問を含めたコメントをしたい。

（1）まず，患者の興奮の頻度を減らすために，「両親に自己卑下の言動を多用するように指示した」（p.12）とあるが，ケースによっては，こうした指示で，患者が，かえって図に乗ってしまい暴君化して歯止めが効かなくなる場合もある。このケースでは，なぜにこの指示が有効と考えたのか。

（2）次にこれは感想。事前の警察とのコンタクトが明らかに功を奏したのだが，それにしてもこの警察官の介入は天下一品だった。私はすぐさま秋田のナマハゲ（生剝げ）を思い出した。「親に暴力を振るっているのはおまえか」（p.14）ではじまる台詞も秋田県出身の方ではないかと耳を疑ったほどである。患者も子どもの様に泣いていたのもそっくりだし，あとの予備校初日の職務質問でも逃げ出した（p.23）ほどだからナマハゲがよほど怖かったのだろう。しかも，ナマハゲにいわれたとおり，すぐさまアルバイトを始めたり，患者との初回面接のやりとりで，患者自らが「……怒られる方がいいのかもしれない。ガツンと言われたら治るかもしれない」（p.22）といっているのも「ナマハゲ効果」の患者なりの自覚とよんだ。だとすると，この患者自身の提案した「治療のセオリー」をもっと尊重した介入ができただろうし，その方が広がりのある対話ができたかもしれない。

さらに治療者は，父親（いままでは患者にとって家の中のナマハゲだった）に，あの警察官に代表される家の外の「社会というナマハゲ」に立ち向かう患者の盾になるように指示している。これも子が泣きじゃくって親

にしがみつく，あのナマハゲ儀式のシーンを彷彿とさせた。たしかナマハゲでは，家人がナマハゲに酒食をもてなし丁重に見送る習慣になっていたと思う。患者が元気になったのを見計らって，両親が患者を連れだってナマハゲのいる交番に礼を言いに行くのも悪くなかったかもしれない。

（3）紙面の制限のせいもあろうが考察の3と4とが，私にはわかりにくい。たとえば「被援助者の階層性」という論説では，家庭内暴力という現象の背景を知るのに，われわれ治療者がどのくらいの範囲に目と耳を凝らせば良いのか，といった問題を語っているのであり，司法や一般的なマスコミのいう加害者・被害者という理解を，われわれは捨てるべきだといっていると理解した。先の碁盤にたとえるならば，碁盤上にあるすべての駒は加害者や被害者ではなく，この不幸な現象を解決しようとしている「（複数の）当事者」といった方が分かりやすいかもしれない。考察4でも同じことを述べているのだろう。むしろ，もっと「被害者・加害者」という「ラベル張り（labeling）」を治療的に使用するにはどうしたらよいのかの工夫を聞きたかった。

最後に，それにしてもこの警察官が立派なナマハゲを演じることができたことに治療の展開をみてしまう。p.12で，「なお，この地域の警察には，他の事件で既知の担当者がおり，事前に緊急時の対応依頼を行っている」との補足説明がなされているが，治療者がこの警察官のひととなりを十分に理解し，「ナマハゲ効果」を発揮できるとよんでいたとすれば，天才的である。一般的にいって，あらゆる心理療法において，治療的な変化をおこす大半が，治療者が掌握したり予測したりしきれない治療の場以外の要因（extra-therapeutic factor）だといわれるが，吉川氏のこのケースの場合はどうだったのか。心理療法のプロセスでは，このような要因が「災い」にも「福」にもなるし，「災い」と当初思っていたことが，結果的に「福」にもなる。その逆も良く起こる。どちらかというと変化の要因を言

語化することで確かめて，固定的なものにしたがる 私だったら，「ナマハゲ効果」について，両親と患者，ひいては治療者と患者・家族と話し合っていたかもしれない。その是非について，吉川氏はどう思うのだろうか。

コメント1を読んで

吉川　悟

　まず，何はなくとも「ナマハゲ」である。中村先生からのコメントは，どのように暴力を振るう本人を抑制するか，それが家庭内暴力の事例へのテーマであることを如実に物語っている。家族療法の視点が特殊なものではなく，一般的なPSWなどの視点ともオーバーラップするものであることを明記していただけたことは，ありがたかった。

　さて，中村先生からの宿題を解きながら，私が「ナマハゲ」になれないことの言い訳をしてみたい。

　まず，家族の中で暴力がエスカレートするパターンに多くの臨床家が注目するが，もっと重要なことは，沈静化するパターンである。暴力が永遠に続き続けていることはあり得ず，何かをきっかけに沈静化するのであれば，単純にその「何か」を暴力の前に作り出すことからはじめればよい。それが「両親の自己卑下」である。安易にこれを用いることは，エスカレーションを招く。その意味では重要なご指摘である。

　この事例に紹介した「ナマハゲ」は，警察官が主であったが，この地域は「ナマハゲ」が多発する地域性がある。彼のまわりには，剣道師範・剣道部顧問・バイトの店主・予備校の受付・担任など，多くの「ナマハゲ」が登場するのだが，紙面の都合割愛した。しかし，「ナマハゲ」は治療者とは異なる大きな役割を持っている。それは，「具体的な行動指標を提供する」という役割である。支持的精神療法においても類似する役割はあるが，その効果は疑問視されるべきものである。青年期の事例では，このような未来に対する指標を提供してくれる存在が不可欠であり，それが適度に困っている状況下であれば，最も効果的な登場の仕方となると思われる。

　また，暴力の関わる事例では，多少なりとも「被害者・加害者」という

階層性を前提とした認知が成立しがちであるが，これを積極的に利用することは有効であるが，言葉として「加害者・被害者」という言葉をそのまま用いることはリスクが大きい。「加害者・被害者」という言葉は，個人にその役割が内在しているかのような印象を与えかねず，それぞれの人の動きを制限する働きを持つものとなりかねない。実際の臨床でも「困っている・困らされている」「まいっている・まいらされている」などの言葉は積極的に利用しているが，この方がより多様な側面の一部を指し示しているかのような印象があり，力関係を文脈に帰属させるためには有効だと思われる。

　重大な暴力が相談の主要な内容である場合，臨床家として身構えてしまい，自分自身も不自由な中で対応することを迫られているかのように考えがちである。これは，臨床家の援助妄想であり，社会的なネットワークを積極的に治療的資産として位置づけることを前提とすべきである。中村先生がご指摘されたように，PSW的な援助のためのネットワークを活用することは，今後より必要な視点となるのではないだろうか。市井のそれぞれの臨床家が社会的なネットワークとの接点を作ることは，困難に思えるかもしれない。しかし，それぞれの事例で社会的ネットワークにお世話になったとすれば，専門性をもつもの同志の相互扶助であり，チーム医療の根幹と同様の視点だと考える。

　最後に，このような社会的なネットワークを活用する視点は，臨床家の姿勢をも決定する要因であることをご指摘いただいた。治療場面以外の変化のための因子が様々に存在することは周知の事実であるが，それがどのような可能性を持つものであるかを臨床家が査定しようとすべきではない。本事例に登場した警察官の特性を既知であったかといえば，ある面の「ナマハゲ」的要素は知ってはいたが，「こんなことしているより，アルバイトでも……」といったセリフそのものを期待できていたわけではない。

　私的な考えとなるが，社会的な場面の中で起こる変化に応対する中で人が受けるであろう影響性は，計り知れないものがある。臨床家が与えられ

る影響性より，社会的な場面の中での経験がより大きな可能性を秘めた治療的なコミュニケーションであることを熟知・了解しておくことこそが，心理療法を行う立場の者としての前提ではないか。臨床家ができることは，その社会的可能性を広げるための援助，いわば，社会的接点を創造するという領域であることに他ならない。中村先生のご指摘のそれぞれは，それを再考させていただくまたとない機会となったこと，それをお礼の代わりとして述べておきたい。

2

難治な家庭内暴力の入院治療について
——チーム医療の視点から——

和田多佳子

I　はじめに

　人格障害患者の暴力には，多くの側面がある。攻撃だけでなく，怒り・絶望・依存等の意味を含み，本人が言語化できる程明確ではなくとも，「SOS」であることが多い。しかし暴力の結果が相手との関係を歪めるために，結局助けは得られないことの方が多いのである。これらのことが患者の病理・家族の病理と結びつくと，容易に変化することのできない関係が生まれ，続いてしまうことになる。長い歴史と複雑な感情で作り上げられた家族関係の中で起る暴力は，治療者側から見えにくく，扱いづらい。患者に暴力の背景について語る言葉がなければなおのことである。

　筆者は東京にある500床ほどの精神科・心療内科病院に勤務している。近年当院に入院する患者の半数近くが，人格障害の要素をもつ患者となってきた。摂食障害・引きこもり・アルコール・薬物依存・家庭内暴力等の問題で入院治療を必要とするような重症度の患者は，その訴えが抱える問題と食い違うことが多く，問題への理解を拒否するかに見えることも多い。患者の歴史や周囲を取り巻く人々の評価等，多角的な視点をもって臨まなければ問題の理解は難しい。特に家族関係の中で起こる問題は他人の前で

は見せないことが多いために，そのことで家族自身が問題の重さを見誤ることすらある程，理解は困難なことなのである。

　ここに示すA男の症例に，筆者はPSWとしてA男と家族との心理的・現実的関わりに介入，援助した。この入院治療でA男は当初，入院前の激しい親への暴力について一切の内面を語れず，問題を否認して治療に乗ることができなかった。そこで患者の歴史と父母の協力をもとに，入院治療という「患者が今いる環境」での在り方・人との関わり方そのものに，多くの職種のスタッフが「治療チーム」として連携をもって関わることで，患者自身の問題や入院前の家族内での問題への援助も可能にした。そのことがA男の行動に時間はかかったものの，劇的な変化をもたらしたと考えられるだろう。ここに筆者の役割も含めて，治療チームの働きの視点からA男の治療を振り返り，治療経過と心理検査の結果を対比させて考察したい。

II　生育・現病歴

　（特徴は損なわぬ程度の変更を加えてある）父母は見合い結婚。父は幼少時に父親を亡くし，父親に怒られた経験がなく，A男へ自分中心に怒り過ぎたと思っている。同胞3名中の長男として母親に育てられた真面目な人で，企業の研究職についている。母の実家は大きな問屋で，控えめな実母と家業をきりもりする父の愛人が同居する家に育ち，店を仕切るその人の性格に大きな影響を受けたという，同胞5名中の末子である。

　結婚後しばらくして，A男を正常分娩にて出産。3800ｇの元気な赤ん坊で，母乳を良く飲み，良く泣いた。離乳，お座りや始歩，始語は平均的。人見知りをほとんどしなかった。当時父母の団地には同世代の家庭が多く，父が夜も休日もなく働くので，母はその母親達と親しく行き来し，母方祖母もよく上京してくれて助けられ，母は一時期パートにも出ている。妹出生後，幼稚園3年保育に通園。近所の友達と外で遊ぶ活発な子どもで，デ

パート等に連れて行くと落ち着かず，迷子になったり物を欲しがって店でだだをこね，母がきまり悪く思うことがよくあった。父は不在がちなわりにA男に小言や注文が多くなり，父の感覚に合わないと怒っていたが，手を上げたことはなかった。入学まで親が気をつけないと，外出時に大も小もお漏らしをすることが多くて，おねしょも多かった。母がマイペースに行動し過ぎて，A男に排泄を促す気配りが不足だったと後に考えたという。幼稚園の先生にはウルトラマンのように遊んでほかの子をいじめないように，とよく連絡帳に書かれた。母は園内で大きな体格のせいで，たまたま強い存在なのだろうと思っていた。

　小学校入学時，妹も入園し，再び母は知人の小売店で働き始めた。父は昼間だけと認めたが，母は仕事が面白く夜まで働くことも多くなり，二人の間で口ゲンカが増えた。この頃A男と妹は，ほとんど二人の祖母たちが交替で上京して面倒を見てくれていた。母は店が面白く，A男が小3時には自分の店をもち，遅くまで営業する毎日となった。小3時学習塾に通わせるが，授業中騒いで注意に従わないと2カ所にやめさせられた。成績はオール3，体育だけは4か5だった。担任との面談では弱いものいじめをする，と聞かされ，親が叱るとその場は謝る繰り返しであった。

　中学になると今までいじめていた子どもから，逆にいじめられ始めたらしい。成績もオール2に下がった。父母は，母の仕事のことでケンカを繰り返し，父は母の仕事仲間の男性との仲も疑った。A男が中2のとき，売り言葉に買い言葉のケンカのあげく半ば衝動的に離婚，母が近くのアパートに出た。父母は離婚のことを子どもたちに何の説明もしなかったが，A男は何度か母のアパートの前で棒を持ち，目を吊り上げじっと立っていた。話しかけても返事をせぬA男に，母は怒っているのだなと感じた。

Ⅲ　現病歴

　中3時，昼間A男が物置にいるのがわかり，叱った父に「学校でいじめ

られる。父はいじめられたことがないから僕の気持ちはわからない」と憤った。この後Ａ男は登校せずゲームセンターに入り浸りで，注意する父や祖母に暴力をふるった。バイクの無免許運転をやり人身事故も起こしている。しばらくして父は母にＡ男のことを相談，母が自宅へ戻ることにした。それを父がＡ男に伝えると，「勝手に出た母の帰宅を認めるのか！」と激しく怒ったという。母が戻っても状況は変わらず，父がスパルタ教育で有名なＴヨットスクールに，決心して預けた。初めて面会が許可された際，父母はＡ男が素直に以前のことを謝る態度に，人が変わったのかと驚いた。その後父一人で面会した際「ここは辛い，帰りたい」とＡ男が泣いてすがり，父はスクールの反対を押し切って，強引に家に連れて帰った。

　Ａ男は，帰宅後3日程は落ち着いて登校しているように見えたが，やがて「スクールの職員が僕を迎えにくる」とおびえだし，「あんな学校へ入れた仕返しだ」と父母へ猛烈な暴力が出現した。両手足を縛ってゴルフのパットや野球のバットで殴ることもあり，父母は傷が絶えず，母は顎の骨折もした。スクールの職員に見つかると思うのか家を出ず，どうしてものときは帽子を深く被り，母の車に隠れるように乗った。母はこれ程嫌な所へ行かせ傷つけたのかと自分を責め，殴られるのに耐えていた。あちこちの病院に相談，往診も頼んだが，医師が帰ると「なんであんな奴を呼んだ」と暴れた。高校進学を不安がってＡ男が頼んだ家庭教師の来宅時は平静で，帰るとやはり暴れた。高校に入学，母の車で何回か通学したが，車の中では母に暴力，数日で退学した。この頃父が1年単身赴任で渡米，1人残された母はそれまでに増して暴力を受け，避難的に母があちこちの病院へ入院を繰り返す程だった。翌年も別の高校に入学し，中退。17歳のときバイクの免許を取得，人身事故を起こし保護監察処分になっている。

　19歳時やっとＡ男をＢ精神科病院へ入院させたが，すぐ離院退院。その後の暴力で母が骨折，父も毎夜暴力を受け，やむなく父母妹が別居，Ａ男が単身生活となった。母は昼間家事のため自宅へ行き，病院にも通った。Ａ男は母にもらって薬を時折服用する程度だった。母が自宅へ行かないと

父の勤務先に何十回となく電話をしたり，母の友人宅に昼夜なく押しかけたりするので，母はA男の顔色を見ながら自宅へ通わなければならなかった。21歳時徐々に暴力が再燃し，B病院に再入院させるが，すぐ離院退院。入院中に「就職して家を出て自立せねば」と思ったらしく，さかんに就職口を見つけようとし始めた。母に就職情報誌をたくさん買ってこさせ，地方でバイトしては3日で帰るパターンを繰り返した。24歳時知人に紹介され外国へ渡ったが，現地で幾つ就職しても働かず車を乗り回し，注意すると怒鳴り返すので面倒見られないと，3カ月で帰国させられた。しかし帰国後「僕は楽しかったのに追い出しやがった」と現地へ何百回となく文句の電話，その後母には耐えられぬ大暴れで，B病院へ3回目の入院。3カ月閉鎖病棟でやや落ち着き，病院の作業療法を続ける約束で退院する。

　退院後は約束を果たせなかった。中学のときにA男をいじめた子がバイクを壊しに来たと思い込み，相手の家に行き殴ったところ，手ひどく殴り返された。警察沙汰になるが，先に手を出したことをまったく認めず恨み続けた。その顔の傷を気にして鏡を見る生活が続き，美容整形や皮膚科に行っては「完全に元に戻せ」と迫った。やがて強引な職探しを再開し，母に履歴書を書かせバイトしては，2～3日でやめた。タンカーの厨房が2日でいやになり，船を近くの港に泊めさせる大騒ぎをやって帰ったこともあった。そうやって辞めては，出るはずのない給料を「取って来い」と母に乱暴した。その暴力のあまりのひどさに，母が給料袋を偽造して渡したことさえあった。

　26歳頃より「自宅に盗聴器が仕掛けられた」等と母に興奮して詰め寄り，110番して警察官に自宅を調べさせることが続き，独語も見られた。以前のように度々ではなかったが，暴れだすと非常に激しかった。27歳時，暴力をきっかけにB病院へ4回目の入院。が，やはり離院退院となる。28歳時，それまで自宅を出ていた父が，このままではいけないと話し合いに戻った際，ひどく殴られ何箇所も骨折の上，熱湯をかけられる大けがをする。その父の入院付き添いで自宅に帰れぬ母を恨み，母が帰宅した際母が意識

を失う程の暴力をふるった。B病院で「この病院に慣れてしまっている，別な環境が良いのでは」と言われ，つてを辿って当院を紹介されている。

Ⅳ　入院経過

　父母が何回か入院の相談に来院したが，結局A男を説得することができず，親戚の男性数人とで車に乗せられて来院。入院診察時A男は暴力についてまったく否定，「高校を卒業したあと(実際は中退)，ダイバーとして働いている(実際はやったことがない)」と述べ，現状にはまったく問題を感じていないようだった。「盗聴されている」「誰かが自宅に放火しようとしたから110番した」「見張られている」等被害妄想を思わせる内容も話している。

　行動観察のため，閉鎖病棟の個室に医療保護入院。薬物療法を開始，父母との距離を保つため，電話は1日1回にして欲しいと伝えた。A男はその場は覚悟していたのか素直に入院したが，入棟後は落ち着かず，待てなかった。体に悪いと拒薬。「気分が悪い」と言っては水をがぶ飲みした。他の患者に電話代やタバコ代をねだっては騒ぎが起こり，かなわない願望と現実とを錯誤でもしているような一方的な訴えのみで，会話が成立しなかった。Dr・Nsに「入院したことに母も驚いているので，退院したい」と繰り返し，母に「仕事に行くから退院する」と1日何度も電話で怒鳴った。入院理由については何も分からぬといった様子で「親とはすごく仲が良く，仕事はバリバリやっていた」と現実離れした話を言い張った。幻覚・妄想は否定，NsへはDrが，DrへはNsが「退院して良いと言った」と50回でも100回でも相手を引き留め，繰り返した。それは違うと言うと「ごめんなさい！」と謝り，土下座することさえあったが，謝った理由を聞いても答えられなかった。

　治療チーム（2名のDr・Ns・PSW，以下チーム）は，『一過性に精神病症状を呈するが，基本は人格の障害で，知的な障害も疑われる』状態で

はないかと話し合った。前医での入院治療がなかなか効果を上げられなかったこと，父への暴力の深刻さを思うと，ここでわれわれが何とか治療にのせなければ，Ａ男が父に取り返しのつかない暴力をふるうのではないか，と強い不安をチームは感じていた。病棟ルールが守れないことや，相手によって話が変わることだけでなく，周囲の刺激全てに反応して不穏が続くような状態は，言語的介入でコントロールすることが非常に難しかった。この状況に対してDrは薬を前医の処方からかなり増量，一部を点滴として安静への一助とした。さらに入院理由を作文に書くように課題を出し，Nsは1日の中で一人で静かに過ごせる時間を決め，父母との面会は定期的にPSW同席で，と治療的介入を始めた。

　入院1カ月目，これに答えるように「父母に暴力をふるったので入院になった」と渋々認めたが，理由は言葉にできなかった。簡単な会話は成立したが，Nsへはしつこい訴えが一日中続き，なまじ突拍子もないことを言うわけではないため，Nsは対応に困難を感じた。チームは彼のこのしつこさは，耐えられない現実への不安対処策だと考え，《そこにいない「ＸＸさんがこう言いました」という言い方はしない》・《同じことを立て続けに3回言ったらNsは「おしまい」と言って，話をしない》とのコミュニケーションルールを作り，Ａ男の取るべき行動の明確化を図った。

　2カ月後心理検査(ロールシャッハテスト・WAIS-R)施行。WAIS-RはIQ＝53であった(詳細後述)。父母面会時「なぜ入院したかうるさく聞かれて困ってる」と言い，父母が暴力の話をすると「親子で水臭い，僕たち仲良しだよね」とまくし立てた。面と向かって怒ることはなかったが，ここでも現実とは違う願望のような過去を話し，父母が訂正してもまったく受け入れなかった。

　PSWは父母との定期面接を施行。母はＡ男を精神分裂病と疑い，薬物療法に期待をもち，父母とＡ男が同居すれば再び同じことが起こると恐れている様子だった。父は何かきっかけがあればＡ男が立ち直り，親とのわだかまりも解け，仕事をすることも可能になるのではとの高い期待から離

れないように見えた。PSWはこの長い歴史がありながらも父母がＡ男のことを真剣に考えていると認めつつ、入院したＡ男の行動や知能検査の結果からのチームの考え『Ａ男の精神機能の問題は重篤であり、今後の可能性も限界があること、Ａ男が不安を否認しないためにも暴力についての事実の評価を父母の立場で明確にする重要性（Ａ男が自分の不安に上手に対処できれば、しつこさや暴力という形にしなくてすむ可能性）』について父母の理解を求めようとした。父は目的があってわざとＡ男が暴力をふるっていたのでは、と彼の機能の低さは受け止められない様子でＡ男が幼少時優れていた出来事を語り、いい年だから男なら仕事を持たねばとのＡ男への願望は、簡単には変えられないようだった。PSWは面会時にＡ男のこれらの問題が父母とＡ男の間に現れたと思ったとき、具体的にそれを父母にていねいにフィードバックして理解を促すよう心がけた。

　３カ月目Ａ男はやや落ち着きを見せ、病棟ミーティングやアートセラピーに参加したが、他患と言葉の行き違いでトラブルを起こすことも多かった。飲水過多、電解質減少が顕著でイライラが目立ち、水分制限のために個室隔離せざるを得ないこともあった。強迫的行動が目立ち歯磨きを30分以上も続け、歯磨き粉やシャンプー・リンスはなくなるのが不安ですぐ次のを使い、何本もごろごろする状態になる程であった。衣服の染みは必要以上に気に病み漂白するので、かえって漂白の白い跡が目立った。父と同じようにはっきり注意するNsを攻撃対象にして、あることないこと責め立てる様子もあったが、Nsとの将棋に勝ってNsや父がほめると、子どものように喜んだ。

　このような行動上の問題を取り上げ、少しでも主体的にＡ男が治療に取り組めるよう、２週間に１回行うチームミーティングの後半に彼も参加させて、治療課題や行動枠を話し合うことにした。Drは強迫症状に対してさらに加剤、Nsは過飲水対策から、歯磨きの時間、シャンプー・リンスの使い方まで、細かく日常生活のスキルに介入した。PSWはＡ男がチームの決めた２つのコミュニケーションルールにそった行動を面会時にも守

れるよう援助し，守れぬときはそれをＡ男・父母にわかるよう指摘することに努めた。４カ月目大きなトラブルも起こさずがんばっていることを認め，家族との外出を許可したが，「外泊だ！　退院だ！」と大騒ぎになった。チームが，自分の願望で頭が一杯になると人の話が理解できないことを，本人の問題として繰り返し伝え，Ａ男も「しつこく言うと相手がかわいそうに思って，何とかしてくれると思うこともある」と初めて自分の内面を振り返る様子も見せた。

　５カ月目に近所へ父母と外出，６カ月目には活動療法のプログラムを開始したが，他患との関わりが拡がったせいか，先への焦りが募ったせいか，「かっこつけなくちゃ」とむやみに髪形や衣服を気にする様子で緊張感が増し，被害的になってイライラすることが増え，状況は逆戻りしたように見えた。同時に過飲水・電解質減少傾向も頻発して，検査結果が極端に悪化，飲水制限のため一日の個室隔離をしなければならないことが繰り返された。父母との面接では「もう親子の問題はないよね！」と押しつけるような一方的な訴えも逆戻りした。父母が入院前の暴力に触れると「父が違う人だったらこうはならなかった」と父を責め，母に「二人だけのほうがうまく行くよね」と甘えようとした。母が父を肯定すると非常に怒り，「親のくせに息子を見捨てるのか！」と殴りかからんばかりに興奮した。これは同席するPSWに，入院後初めて以前の家族関係を彷彿とさせ，この延長に暴力が出現すると実感させられる状況であった。Drとの面接も一方的な要求に終始，細部にしつこくこだわり会話が成立せず，不安で不安でしょうがないがそれは自覚できないといった様子で，周囲を信じることができずに，自分の不安を軽減できると自分が思う結論を，周囲に受け入れさせようと一生懸命な様子であった。

　チームは，治療構造の変化の時期にＡ男の行動が逆戻りしたことから『生活の枠が広がっていくことに，対応でき無さそうな自分の対人関係や社会的機能を直面させられて，かえってＡ男の不安が増大したため，元の不安の対応策パターンに戻って現実否認しようとしている』のではないか

と考えた。2つのコミュニケーションルールが守れていないことを指摘しても受け入れず，具体的な日常生活への働きかけは効果がなくなった。治療チームは細部での介入が難しい程のA男の不安の高さであり全体のしきり直しが必要と『食事・排泄・睡眠以外はNsに一切任せる』ことを伝え，Drは処方を加剤変更した。自分が変化する可能性を信じられず現実に直面して不安となり，苦痛で追い詰められる心境に見えるA男を励ます意味もあって，A男にサポーティブに気づきを促す立場として，治療チームはCNS（クリニカルナーススペシャリスト）に毎週の面接を依頼した。

　Drの診察で，人がAと言うときにBと取ることを指摘されると「脳がおかしいから脳外科に転院する」と受け取るズレは続き，しつこさを指摘されると否認した。入院時の暴力の話になるとまず否定し，突っ込んで話を続けるとやっと「暴力はふるった」と認めるような状況だった。認知能力が低いか落ちているため，A男が理解できて実行できるには簡潔なルールが効果的と考え，話の受け取り方のズレに『まちがい』と名前をつけ，治療スタッフや父母に共通させる言葉として，なるべく真面目で侮るニュアンスを入れないように使用し，また《人の話を否定しない》との3つ目のコミュニケーションルールを追加することにした。さらにA男が「ハイ」か「イイエ」で答えられるシンプルな面接をDrが工夫した。たとえば「入院前に父にけがをさせたっけ」と聞いて違う話をしたら『まちがい』と返し，「ハイ」と答えられたらほめて強化した。

　9カ月目不安も少し下がって，何とかこのやり取りが進み「失敗は成功の元，これからうまくいくようにする」と災いを転じて福となすような自分の肯定的な可能性，自己効能感も示すようになった。またCNSの面接で最初は周囲への文句ばかりを話したA男が，「がんばっていると本当は疲れる」とも話すようになった。PSWはこれだけの状況を父母にありのままに伝えて，A男の精神的機能の問題が非常に大きなことを話し合い続けた。『単純で明確なことでなければA男は理解できない』ということを父母は受け入れ始めた様子だった。母は自分たちの長年の苦労をやっと他人

に理解してもらえたとホッとしてきたように見え，父はそれと同時に，現実に直面して落ち込んでいるように見えた。

　チーム（Dr・Ns・PSW・OT・CNS）には，治療スタッフがこれだけのエネルギーをかけていてA男がやっと周囲との関係の中で安定しているとの結果から，今の安定を退院後に以前の生活の中で続けて行くのは非常に難しい事に思われた。ここまで人との関わりの中でA男の行動を指摘・修正することは大変に難しかったので，人との関わりそのものが限定された生活を想定するしかなく，中でも退院してただ父母と同居するのでは，A男の混乱はすぐ再燃してしまうのではないかと思われた。A男は一見普通のことはできそうに見えるので，親からも治療スタッフからも，自分自身でさえA男に高い期待をもち，問題に取り組むが失敗する。つまり期待と現実のギャップは，理解力・対処能力が低いことから問題否認を招き，能力がありそうに見せて，しつこさと暴力で他を圧倒しようとし，自己効能感を高めるというファンタジーを強化する悪循環が，ここまで続いていたとチームは考えた。この状況への介入として，A男・家族・治療スタッフの期待を下げること，実際にA男ができることを増やし強化することが重要であった訳で，具体的で明確な枠組みと簡潔なルールを繰り返し伝え，できたらほめるやり方で進められる退院後の生活を，考える必要が出てきたと，この時点で考えたのである。

「早く退院して仕事しなきゃ」というA男に，A男は仕事はできない・仕事しないで治療に専念すれば退院できるようになる，と外来OT・デイケアの可能性を伝え，親と同居するとつい甘えを押さえられない自分がいるから一人暮らしをした方が無事な可能性を繰り返し伝えた。A男は「仕事しなきゃ男じゃない」とまるで父のような言い方をして，仕事をしないという提案には抵抗したが，一人暮らしの話には，意外にも「自立するしかないですね」とあっさり同意した。

　父は，退院してすぐ仕事をするのは無理だ，治るまで仕事はできない。とA男に話したが，但し書きつきの話し方では結局混乱してA男に通じな

いのを何回か経験し，『単純で明確』でなければ，本当にA男に言いたいことが通じないと理解した様子で，現状で自分とA男が同居するのは本当に難しいことを重く受け止めたようだった。これはこれまで父が本来のA男を実際よりも父の空想にずれ込んだ対象としてとらえて関わろうとしていたために，実際のA男との関係に困難を招いたということ，つまり父が現実を直視すれば取るべき行動は変えざるを得ないとのPSWの仮定が支持されたと考てよいと思われた。

11カ月目，実際に外来OTとして参加できるプログラムの活動療法を再開した。コミュニケーションのルールを確認しながら，何とか病棟での生活も続けた。Drとの診察では「暴力をふるわない・服薬する・仕事をしない・一人で暮らす」という原則を何回も繰り返し確認したが，「仕事をしない」ことだけはなかなか受け入れ難い様子だった。

12カ月目病院の近くにアパートを借りる。現住者が1カ月後に引っ越すと聞いて「早く追い出せ」と焦って母に電話をしたものの，母に「まちがい」を指摘されてあきらめ，以前とあまりに違う素直な様子に母は驚いた。活動療法のプログラムをさらに増やし個人散歩を開始して，徐々に行動の枠を広げた。13カ月目初めてアパートに父母と外出。その際退院後の行動のリハーサルをなるべく細かく具体的にできるよう，アパートでの行動の課題を工夫した。布団のカバー掛けや炊飯器の使い方，分別ゴミの出し方等は母に教えてもらう。その後の外出では三人分のカレーを自分で温め，簡易棚を自分で組み立てた。戸締まり火の始末は何回も確認してきちんとできた。しかしトイレの水流が変だと思うと，ずっとそれを不安に思うようなことはあり，頑張ったことを認めようとすると「退院ですね，仕事探さなくちゃ！」と周囲に言うような，ズレた受け取り方は時折見られ，治療スタッフや父母に「まちがい」をその度指摘された。

15カ月目外泊。昼間母がアパートを訪ね，夜は一人で過ごした。退院後の行動をなるべく細かく具体的に外泊中の課題として設定。日常的スキル獲得のために活動療法のクッキングを追加，服薬指導も始める。退院後母

が届ける生活用品の種類と量，A男の1日の生活費等を細かく決め，外泊中もその枠組みに沿ったやり方を試みた。掃除洗濯は一人でやれるが，買い物は戸惑うようだった。16カ月目より今までのやり方の外泊と，まったく単独の外泊を交互に施行。A男は「疲れたって言うと，退院が延びちゃうかなー」と言いながら，CNSに「困ると不安になっちゃうんだよね」と話した。これは感情の率直な表現であり，A男が今までにないコミュニケーションスキルを身につけたと考えられた。

退院後は週に外来・外来OTで2回来院し，母が2回・訪問看護のNsが1回アパートへ行くことをチームで決めた。「暴力はふるわない・通院・服薬する・仕事しない・一人暮らしする」は，やっと飲み込んだ様子であった。今後も月1回PSWとA男・父母で，生活状況やそれぞれの気持ち，臨時の出費等についての面接をもち，A男や父母が元のパターンに戻らなくてすむための必要な支援は続ける約束をした。問題が起こったときも対応が遅れたりせぬよう，母がアパートで感じたことは何でも，毎週1回FAXを病院に送ることにした。

入院後18カ月目に退院。退院後A男は外来・外来OTを一度も休まず，約束も守った生活を続けた。病院の中庭で他患と談笑する場面がよく見られるようになったことは，A男の対人関係での対処能力がまったく変化してきたことを示した。退院後6カ月目には家族で日帰りの旅行へ行き，父母は面接で涙ぐみながらその喜びを語った。退院後8カ月目に父が脳梗塞で倒れて入院したときからは，母がアパートへ訪ねるのを週に1回と減らしたが，「寂しいよー」と言いながらも，Drや訪問看護Ns・PSW・母らに，以前のA男からこんなに変化したので母が来る回数が減っても大丈夫，と治療チームから代わる代わるほめられ励まされてA男は生活を崩さずに済んだ。退院後10カ月目評価のため心理検査施行（詳細後述）。退院後14カ月目に外来OTからデイケアへの移行を試みた際には，「社会復帰だ！」と不安が高まったが，これもA男の不安をサポートして繰り返し説明を続けることで何とか受け入れられたようで，その後はデイケアにも慣れ，休

まずデイケアを続けている。週末には一人で野球観戦やコンサートに行って楽しみ，父の見舞いにも行って，父を感激させているようである。「入院治療は辛かったが，頑張った。今は再入院しないためなら，嫌なことでも我慢できる」とA男は自分の心境を述べている。今後何年か後には母がアパートへ通う回数ももっと減り，作業所等の集団へ生活が移行していき，問題が起こった場合には混乱してしまう前に，A男が希望して短期休養入院ができれば良いのだが，とチームは考えているところである。

V 考 察

当初A男は認知的回避状態といって良い程，一切の問題を否認していた。われわれチームは彼の認知・行動の問題（個性の範囲を越えた，明らかな誤りやズレ）に介入した。チームの治療的介入は［私が悪いと認めることは危険を招く・私はしつこさや暴力で他を圧倒しないと嫌われる・仕事をすれば認められる］というスキーマ（信念）を標的にして，［私が悪いと認めてもひどいことにはならない，私はしつこさや暴力を用いなくとも嫌われない，仕事をしない人も認められる］と修正を図るものであったとも言えるだろう。

患者の認知（Cognition）の働きを利用しながら，外的・内的なコントロール感覚（Control）を高め，より良いコミュニケーション（Communicasion）を維持できるようになることが重要とする『3つのC』が認知療法のポイントであるとの考え方がある（大野裕）。この視点からすると，A男は入院治療中の働きかけ，つまり家族の視点から見た現実の評価の提示・入院前の行動という重要な現実に限定した評価についてのチーム父母A男間での話し合い・認知の歪みに『まちがい』と名前を付けた直面化と未知の不安との差別化・父のスキーマの修正（High EEの改善）・実行できる簡潔なルール・情緒的なサポート等により，自分の不安が高まらないように物事を歪めていた傾向を改善させて自身の不安を認められるよう

に認知の働きを高めた。そして，周囲や自分自身の期待を下げること・行動のリハーサル等で現実生活での課題達成を親と共有し，物事に対応する資質を増して，自分なりに破局的な見方を避けて事態を制御可能な感覚を持てるようになって，ファンタジーではなく自己効能感を高めた。かつコミュニケーションのルールという明確な行動の枠組みを取り入れ，さらにチームの中でも異なる立場にいるスタッフとの関わりを活用してスキルを獲得しコミュニケーションの質を改善させて，より良いコミュニケーションを維持する取り組みをするようになったのである。

このことを心理検査の結果から理解してみたい。当院での治療開始2カ月目では，WAIS-RでIQ＝53（VIQ＝63，PIQ＝48）。治療開始28カ月目には，IQ＝66（VIQ＝73，PIQ＝61）であった。これは当時のA男の混乱を考えても，かなり低い数字である。学業成績と考え合わせて，軽度とは言え「精神発達遅滞レベル」という知的水準の限界が現れている。

当院でのロールシャッハテスト構造一覧表（Exner法）を治療開始2カ月目（図A）と治療開始28カ月目（図B）とで比較して考察したい。まず物事に取り組む姿勢がまったく相違して，意欲的になったこと（R＝1回目が13→2回目が48，以下同様）がわかる。経験に対応する力も増し（EA＝7.5→15.5），考える力も身について（M＝3→13）常識への関心も持て（P＝4→12），体験型も内向型（気分より考えることで意志決定する傾向）を身につけた。微妙な内的欲求も感じ取れるようになり（FM＝0→1）自分を客観的に見ようとする視点（FD＝0→1）さえ獲得している。これは治療により自分についての認識が明確となったため，かえって他者への意識が強まり（H＋（H）＋Hd＋（Hd）＝4→18），それが周囲へのガードの固い状況（Cg＝0→10）を作っていることを示している。あたかも治療から変化を迫られているかのような現実に直面しているが，問題行動に走ることなく不安に対処することで，状況へのストレスを受け止め（m＝1→7），抑うつ感も出現するように（C'＝0→6）なったが，これは最初に何も考えず，感じずに空っぽにした小さな心の器が，刺激されるとすぐ衝動

```
================== RATIOS, PERCENTAGES, AND DERIVATIONS ==================
R  = 13           L  =  1.17                FC:CF+C  = 0: 3        COP = 1     AG = 0
---------------------------------------      Pure C   =    3       Food          = 0
EB = 3: 4.5    EA =  7.5     EBPer= N/A     SumC':WSumC= 0:4.5     Isolate/R  =0.15
eb = 1: 0      es =  1         D  =  +2      Afr       =0.30       H:(H)Hd(Hd)= 3: 1
               Adj es = 1    Adj D  =  +2    S         =   0       (HHd):(AAd)= 1: 0
---------------------------------------      Blends:R= 1:13        H+A:Hd+Ad  = 6: 0
FM = 0   :  C' = 0    T = 0                  CP        =   1
m  = 1   :  V  = 0    Y = 0
                                P    =  4    Zf   =   6            3r+(2)/R=0.15
a:p    =  1: 3    Sum6   =  2   X+%  =0.38   Zd   = -4.5           Fr+rF     = 0
Ma:Mp  =  1: 2    Lv2    =  0   F+%  =0.43   W:D:Dd = 9: 4: 0      FD        = 0
2AB+Art+Ay=  4    WSum6  =  4   X-%  =0.31   W:M    = 9: 3         An+Xy     = 1
M-     =    1     Mnone  =  0   S-%  =0.00   DQ+    =   3          MOR       = 1
                                Xu%  =0.08   DQv    =   6
==========================================================================
  SCZI = 3     DEPI = 4     CDI = 3     S-CON = 5     HVI = No    OBS = No
==========================================================================
```

図A

```
================== RATIOS, PERCENTAGES, AND DERIVATIONS ==================
R  = 48           L  =  0.66                FC:CF+C  = 0: 2        COP = 1     AG = 3
---------------------------------------      Pure C   =    1       Food          = 0
EB =13: 2.5    EA = 15.5     EBPer= 5.2     SumC':WSumC= 6:2.5     Isolate/R  =0.10
eb =10: 6      es = 16         D  =   0      Afr       =0.37       H:(H)Hd(Hd)=14: 4
               Adj es = 10   Adj D  =  +2    S         =   2       (HHd):(AAd)= 4: 2
---------------------------------------      Blends:R= 3:48        H+A:Hd+Ad  =35: 2
FM = 3   :  C' = 6    T = 0                  CP        =   0
m  = 7   :  V  = 0    Y = 0
                                P    = 12    Zf   = 31             3r+(2)/R=0.42
a:p    = 10:13    Sum6   =  7   X+%  =0.52   Zd   =-12.5           Fr+rF     = 0
Ma:Mp  =  6: 7    Lv2    =  0   F+%  =0.53   W:D:Dd =33:14: 1      FD        = 1
2AB+Art+Ay=  3    WSum6  = 11   X-%  =0.33   W:M    =33:13         An+Xy     = 4
M-     =    4     Mnone  =  0   S-%  =0.06   DQ+    = 18           MOR       = 3
                                Xu%  =0.13   DQv    =   5
==========================================================================
  SCZI = 5*    DEPI = 4     CDI = 2     S-CON = 5     HVI =YES    OBS = No
==========================================================================
```

図B

的行動に出るしかなかったのが，現実を受け止めても大丈夫な器を作って心を起動させることができた（eb＝1:0→10:6）と評価すべきことであろう。

刺激の常識的な受け止め方はやや改善し（X＋％＝0.38→0.52），物事をより単純にしか捕らえられなかったA男が物事の複雑さに取り組もうとし始め（L＝1.17→0.66），物事を見ようとする態度は極端に良くなり（Zf＝6→31），物事を関連づけて見ること（DQ＋＝3→18）も非常に頑張るようになった。しかし理解は粗く，悪くなり（Zd＝-4.5→-12.5），不正確な物の見方は大きくは変わらず（X-％＝0.31→0.33, DQv＝6→5），言い間違いや刺激状況を把握するまとまりの悪さはかえって増えて（RawSum6＝2→7）人間の動きをよく見ようとして，かえってその質が落ち（M-＝1→4），結果的に分裂病指標が陽性となる程だったわけである。

対人関係に起こる情緒的交流を感じ取るようになり（Cop／Ag＝1／0→1／2），自分に関心が高くなった（3r＋（2）／R＝0.15→0.42）が中身は悲観的（MOR＝1→3）で，自己効能感の部分にまだ問題は残っている。特に感情面では何より不快な感情を避けるために現実を曲げようとする傾向がなくなり（CP＝1→0），A男が感情の扱いを変えたことを示しているが，感情の統制はできず（FC＝0→0），情緒的刺激を受け止めきれる量も少なく（Afr＝0.3→0.37），ストレスがかからなければ心理的複雑さも低いまま（Blend＝1→3）で，衝動的感情表出が減少したとはいえ存在し（C＝3→1），十分に安定したとは言い難い。これらのことはA男の知的機能の問題から，このような精神的再成長の限界もあると考えられるのかもしれない。A男が以前は現状を困ったと思えなかった自己コントロール過信状態の改善（D＝＋2→0）は，今後の治療への可能性を示していると考えられよう。たまたまひねくれた性質を持たなかったので（S＝0→2），主体的ではなかったのに猜疑的にもならず，比較的素直に治療について来れたのだと思われる。

これらの結果は認知療法の視点から見た治療の流れを裏づけるものであ

り，結果の変化は治療効果の数量的表現として理解することができるだろうと思われる。

VI　まとめ

難治な家庭内暴力の入院治療の流れにおける，認知・行動療法的介入と，その結果についてまとめた。また心理検査結果から，この認知・行動療法的アプローチの効果と未解決な問題を，数量的変化の中で考察した。

近年人格障害の入院治療において，その患者の任意性・主体性が強調されるようになった。このことは大変重要なことではあるが，あきらかに主体性どころでない程の，重篤な機能不全による深刻な現実適応上の問題を抱える患者も存在する。この症例では知的障害があるとは言え，自分について語る言葉もなく，その訴えが抱える問題と食い違うことさえ見られる場合があることを提示した。そこにどのような治療的介入が必要か，一見した状態だけでなく患者の歴史や周囲を取り巻く人々の多角的視点を持って臨まなければ理解は難しいことが，強調される点であろう。

参考文献
1）井上和臣（1996）人格障害の認知療法　認知療法ハンドブック（下）　星和書店 79-100.
2）J.E.Exner,Jr. 藤岡淳子，中村紀子，佐藤豊，寺村堅志訳（1994）エクスナー法ロールシャッハ解釈の基礎　岩崎学術出版社.
3）大野裕（1996）精神科一般臨床における認知療法的アプローチの統合的実践：統合的短時間認知療法　認知療法ハンドブック（下）　星和書店 247-282.
4）狩野力八郎（1992）個人からチームへ：専門化する入院治療とチーム医療　思春期青年期精神医学Vol.2 No.2；128-136.
5）野村祐子（1999）精神科臨床におけるソーシャルワーク実践とその心理療法的視点　実効ある心理療法のために　下坂幸三監修　金剛出版 141-161.
6）Arthur Freeman. 遊佐安一郎監訳（1989）認知療法入門　星和書店.

コメント2

中村　伸一

　実は，このケースには私も並ならぬ思いがある。治療のごく初期に，私の先輩にあたる精神科医にＡ男の治療を依頼され，家庭訪問したり，初期の入院治療をおこなったのである。その病院を私が去ったあとも，Ａ男はその病院に入退院を繰り返し，時折両親が現状報告にわざわざやって来ていた。数年後，困り果てた父親が，転院先を紹介してほしいと私を訪れた。
　私が家庭訪問をせざるを得なかったのは，なかなかＡ男に会えずにいたことと，Ｔヨットスクールから脱走してから，異様に怯え興奮しては親に激しい暴力を振るうという行動が，果たして分裂病を疑ってよいものなのかどうかということの二つだったと思う。初対面のＡ男は礼儀正しく，やたらテキパキと応対する人懐っこい印象の少年だった。私の訪問直後，暴力が激化したのは言うまでもない。言い訳がましいが，今思うと初期の入院治療が極めて非拘束的だったのは，ＴヨットスクールでのＡ男の悲惨な状況に私が同情したせいもある。それと入院中のＡ男は特に看護婦たちに可愛がられていたのも，アセスメントを甘くしたのかもしれない。妹を交えた家族との合同面接も数回もった。印象的だったのは，自分に非かあると認めている父親がＡ男の短絡的な言動をせせら笑うこと，大きなからだのＡ男が母親に幼児のようにすり寄ること，それを笑みを浮かべながら優しく受け入れる母親，そして，身の置き場のないようなたたずまいで凛としている妹であった。面接では，夫婦間の過去のトラブルは，それに触れることがタブーであるかのように不快感をあらわにする父親によって半ば強引に不問に伏された。
　したがって，私はＡ男とその家族のその後をこの論文によって知ることができた訳である。まずもって筆者とその病院スタッフに感謝と敬意をあ

らわしたい。私がその病院を去った後もA男の問題はとどまることを知らず，両親の疲弊は尋常ではなかったのは父親を介して知らされていた。ともかく両親への暴力がなくなり，しかもA男は遅ればせながらでも，自活への道を歩もうとしていることは私としては大変な驚きである。

なぜに紆余曲折を経ながらも，筆者らのチームを組んでの入院治療が成功をおさめたのかを，私の過去のA男に対する初期の入院治療とを比較しながら反省を込めて述べてみたい。

(1) チームを組めなかったこと。

PSWである筆者は，主に精神科医（Dr）や精神科看護職（Ns）とCNS（クリニカルナーススペシャリスト）さらには作業療法士（OT）を中心にチームを組み，何回もの連携のためのミーティングをもちながら閉鎖病棟を利用しての治療から治療をすすめている。さらにそのミーティングにA男も参加させているのには感心した。A男は典型的な境界例人格障害のように，スタッフ同志が患者の扱いを巡って水面下で激しく反目し合うような関係をつくるタイプではないが，その執拗さと場あたり的な言動ではスタッフもかなり消耗したことは確かである。こうしたなかでそれぞれが相互の職種の持ち味を尊重し，具体的な介入計画を立てやすい認知行動療法的な仮説を立て，それに沿って首尾一貫した介入を目指していたことが成功している。

精神科医である私の場合は，当時こうした厄介な患者の入院および家族面接を一手に担い，他のスタッフもほとんど私の方針に異論を挟むことなく従っていた。チームという専門家集団というよりも私を頂点としたヒエラルキーのある治療集団であった。ゆえにA男は入退院の裁量をもつヒエラルキーの頂点である私に良い情報が流れるべく看護者などと接していたのだろう。わが国では別職種のアイデンティティやそれらの自負心を生かしてのチーム医療が難しい中，ここまで機能的なチームを維持できていることは病院全体の治療理念のなせるわざであろう。

（2）家族面接を治療的に生かせなかったこと。

　家族に関しては，私の抱いた初期の印象と筆者の記述とは重なる。それだけ家族関係は当時と大きな変化がないのには懐かしささえ感じた。私の失敗は家族関係を比較的直截に変えれば，それが治療的だろうと考えたことである。特に父親のダブルバインド的なコミュニケーションにいちいち引っかかっていた気がする。筆者たちのように心理テスト結果をもとに，単純明快なＡ男への理解を両親にも促し，その具体例をhere－and－nowで家族に示し，少しずつ父親の願いが非現実的であることを相当な時間をかけて論している。父親とＡ男とのあいだでのお互いの変化を求めるが故の傷つけ合いは徐々にへり，しだいに許しあえる（forgiveness）関係が形成されつつある。父子それぞれが自分にforgivenessを与えるプロセスでもあろう。

（3）客観的データとして心理テストを用いようとしなかったこと。

　こうした介入に決定的に役立っているのが心理テストである。WAISとロールシャッハ（以下，ロ・テスト）がそれぞれリ・テストされ，治療計画と治療効果の判定に役立てられている。私にはＡ男が知的にさして低くなく見えていたのが，治療計画をたてる上での大きな欠陥になっていたことが今になってわかる。

　それにしても，ロ・テストの変化は劇的とも言えるものである。ただ，こうしたロ・テストの劇的な変化は，振りかえってみると，R＝13だった入院2カ月目のテストの信憑性についてより慎重になる。ただ，すでにEA＝7．5と高いので一応は解釈仮説に乗っ取って構わないのだろうが，M＝3，C＝3の結果であるEA＝7．5からのパーソナリティ描写は精神病薬の増量の影響や拘束状況の影響も考慮に入れるなどしてより慎重であるべきだろう。それは，リ・テストでのL（ラムダ）を下げてまでの過剰反応産出が，Ａ男が閉鎖病棟から開放され，社会へ向かってあまりにも頑張

ろうとしている様子が写し出されているように見える私の不安とも関連している。もっとLを上げ，Rも下げて，反応全体に落ち着きが欲しい。欲を言えば切りがないが……。

　最後にあらためてＡ男の暴力が過去の治療を含めて病院スタッフに向いたりしなかったことを考えてみたい。ロ・テストからも説明し得るが，やはり私はＡ男の両親関係へのこだわりが原因だと思う。彼の暴力に示された攻撃性は，やはり両親関係への深い失望から回復しようとするあがきであり，暴力をもってしても両親関係が変わらぬことへのさらなる失望だと思う。かといって両親の和解をＡ男が望んでいるとは言い難く，そこには果てしないアンビバレンツがある。そのＡ男の暴力がより両親を離れるに離れられない関係を維持しているようにもみえる。Forgivenessが両親の関係にも少しずつ経過とともに見え隠れしていることを期待している。

コメント2を読んで

和田多佳子

　患者の抱える問題には必ず多角的な側面がある。そこに Dr, Ns, PSW ら多職種の治療スタッフが「治療チーム」として連携を持って関わる意味があるとわれわれは考えている。この治療チームの中には各治療スタッフの専門分野の視点がある。それぞれの視点からの理解が統合されることによって、治療チームが問題全体の立体的な理解を共有し、問題の改善に向けて方針を定めることができる。その方針から各治療スタッフの専門分野でのアプローチが具体的になり、その手応えが問題全体の理解や方針を修正する循環につながる。これらの有機的な連携と循環が治療チームを機能的にして、難しい問題への対処を可能にすると言って良いだろう。このA男の症例には、われわれの治療チームが機能的に働くことが強く求められるような、問題の深刻さや困難さがあった。そのために通常よりもこの治療チームの連携を意識させられたのは確かである。経過の中では先の見えない苦しさを、A男だけでなく治療チームも何度か感じさせられただけに、A男の行動が実際に変化したことはチームの次なる循環への励ましとなった。努力をもって大事にしようとしているこのようなわれわれの姿勢を中村コメントが評価していることは誠に嬉しいことであり、われわれの今後に向けてより大きな励ましになるだろう。

　この治療チームの働きを支える客観的データとしての心理検査の果たした役割は大きい。A男自身の問題の否認だけでなく父親の非現実的な期待も根強く、それらにわれわれが振り回されずに一貫した考えを持つ上でも、現実に圧倒されて手も足も出ないA男というデータは重要であった。われわれにとっては入院したA男を説明する有用なデータであったが、父親には長い間認めがたかったA男の一面であり、ここを理解してもらうため更

に根気強い関わりを必要とした。患者に対する強い思いと期待が逆に患者を苦しめているというパターンを父親自身が理解してくれたとき、A男は自分で達成可能な自分のイメージをもつことができたのである。26カ月後の心理検査結果は治療効果測定として治療チームの手応えを説明する，これも有用なデータであったが，これは父母に伝えるのに苦労する必要がなかった。このとき父母は自分たちの目でA男の行動の変化を観察し，認識していたからである。

　われわれはA男に対して認知の働きや，自己効能感，コミュニケーションの質を高める介入をした。日常生活の枠組みを明確にして，まず何について考え，何をどう行動したらいいのかを示したと言ってよい。それまでのパターンから大きく仕切り直すための新しい生活行動の骨組みは病院（治療チーム）が担っており，与えられた骨組みの中でA男がひたすら頑張っている状態は，中村コメントにも指摘されるとおりであろう。この現状では骨組みを支えている治療チーム内のスタッフの交替等がA男へ与える可能性等は高い。また父子関係の変化も，元の傷つけ合う関係に戻らずにすむところまできているかどうかは明らかでない。心理検査結果からも確かめられるA男自身が現実に対処可能となった部分を，どのように自分の生活に生かしていくかは今後の課題である。入院治療から外来治療へ，外来OTからデイケアへと段階的に進めて来たように，今後の治療チームも時間をかけてA男が前向きに進んで行けるようその時達成可能な課題を一つ一つ考え，A男が自分自身の治療に真の主体性をもって臨めるよう取り組んで行きたい。

　最後に本稿作成のため貴重な御指導をいただきました遊佐安一郎先生（長谷川病院），中村紀子先生（Exner Japan Associates）に心から感謝します。

3

特定不能の人格障害と診断された粗暴な少女の事例

細水　令子

I　はじめに

　医療少年院は，総合病院の機能を併せ持ち，身体および精神疾患のある少年に病院として治療を行い，少年院として矯正教育をする施設である。人格障害の処遇においては，治療と矯正教育の二重構造に苦慮することが多い[1]。また疾病という悪条件に加えて，粗暴な少年の場合は，非行の被害が深刻なために，保護者が養育の意欲を失って引き取りを拒否すれば，社会内では受け入れの場所がないなど多くの問題を抱えている。

　この事例も，粗暴な問題行動の激しさのために，教育や治療の場をたらいまわしにされ，結局受け入れ場所がないまま矯正教育の対象となったものである[2]。

　なお，事例の内容については，秘密保持のため，処遇経過を損なわない程度に改変した。

Ⅱ 事例の概要

1．生育歴

　A子の実母は幼少時，暴力団の組長の養女となった。実母は，高校時代に駆け落ちし，A子を妊娠したことで養父が折れて入籍したが，夫が働かず，妊娠中に離婚した。A子を出産した後，養父の家（組事務所横）に住んだが，実母は，A子が組の若い衆にちやほやされ，どんなわがままも通る環境を心配して，4歳時，現在の住所に転居した。小学校に入学後，母親が再婚して異父妹が生まれた。A子は幼稚園の時から粗暴行為を繰り返し，両親は，児童相談所や精神病院など手を尽くしたが，結局，治療してくれる場所がなく，中学生になって民間更生施設に入所させた。半年後に職員を襲い，施設を一部壊して逃走し，この後からヒッチハイクで遠距離に及ぶ放浪生活が始まる。少年鑑別所に入所したが，送致する収容先がなく，親が監護することにして保護観察処分となったものの，すぐ家出を反復し，短期間（時には数日）で各種施設の入退所を繰り返した。家庭裁判所は，処分内容を検討したが，児童自立支援施設も他の機関も，今までA子がかかわった機関・施設は，児童福祉の対象外であるとか教育の効果は期待できないとの理由で引き受けに消極的であり，精神病院に入院させる対象でもないため送致先が容易に見出せなかった。結局，A子は人格障害として15歳で医療少年院送致となった。その後17歳で少年院を仮退院したが，家出放浪中に心不全で死亡したものである。

2．現病歴

　家庭裁判所および少年鑑別所作成の諸資料によると，4歳ころから肥満が始まり，医療少年院収容時は106kgになっていた。幼児期から，粗暴で，多動，衝動的，甘えと攻撃性が顕著であり，幼稚で，興奮を伴う自己主張，要求が多い子どもであった。要求を通すためには手段を選ばず，暴力，暴

言など周囲を困惑させるような行動に躊躇がなく,羞恥心や自己統制力が極端に低い。共感性は乏しいが,対人希求が激しく相手の弱点を読むと容赦なく攻撃し,支配的に振る舞おうとする。異性への興味が強く,気に入った異性を引きとめることにも手段を選ばない。好訴的で,利用できそうな他者の情報に対しては敏感で非常に記憶がよい。医療少年院では,人格障害と診断され,投薬治療は行われなかった。

3. 医療少年院における処遇経過

A子については,入院前からさまざまな恐ろしいうわさが私たちの耳に入っていた。入院時,さっそく,対応した男子教官の態度が気に入らないとインネンをつけ,湯飲み茶碗をわり,テーブルをひっくり返して暴れ,そのまま保護室に収容された。その時のはじめにやにやしながら段々自分を興奮させていく様子と絡みつくようなインネンの付け方を,私は初めて見たが,古参の教官も15歳でこのような態度の女の子を見たことがないと言った。このような状態であったため,A子の担任教官を誰にするかが大きな問題となった。私が,A子の担任教官と決まったが,自信はなかった。ただ,考査期間中(10日間,身体検査やオリエンテーションを受ける)に職員に浴びせる罵倒や嫌がらせを聞いていて,何となく「あのような内容では,私を傷つけることはできない」と思う節があった。

A子は,人との関係で騒ぎを起こすことに興奮と喜びを感じているように思えた。私はしばらく彼女をできる限り,他の少年とは隔離することに決めていた。この提案は他の教官にも受け入れられた。A子の激しい行動化の根底には,強い愛情飢餓感と人間への不信感が想定された。隔離することは彼女の疎外感や被害感を高めることになるであろうが,私は,彼女がどれほど抵抗しても,荒れすさんでも,単独処遇にし,その先も段階的に部分的な集団処遇を導入することしか考えていなかった。一番大きな理由は女子寮のマネージメントの問題であった。さまざまな問題少年を抱える女子寮に,彼女のことでなるべく負担をかけないことであった。A子の

ために他の少年の処遇が低下するような事態は最小にしたかったからである。二番目の理由は，隔離し，当分は対人関係の窓口を狭くした方がA子を安定させると考えたからである。他の教官も彼女の限りない要求や揺さぶりの窓口を，私だけに一本化することは賛成であった。私もA子の処遇のフレームができるまでは，要求する相手によって，ごねればわがままが少しでも通ると期待させることは，A子を不安定にすると思っていた。

　単独処遇で彼女に考えさせる点や処遇者が注意を払うことを以下のようにした。
(1)　隔離の理由を彼女自身の問題として納得させること
(2)　他の少年と比べさせないこと
(3)　自分に対する配慮を，当然のことと考えさせないこと
(4)　「組長の孫」という肩書きに何の意味もないことを思い知らせること
(5)　暴言と暴力を使用できない状態での等身大の自己を自覚させること
(6)　彼女と他の少年のトラブルに関しては，けんか両成敗はありえないこと，必ず原因と被害を徹底的に究明し，責任を取らせること

　A子の処遇には新しいことは特になかった。本来少年院の処遇の中で伝統的に行われていたことを機能させるだけのことであった。

　A子の処遇の区分は，22カ月間を比較的安定した時期と荒れて保護室収容が避けられなかった時期で大きく次の3期に分けることができる。始めの5カ月と私が産休で不在であった5カ月，最後の約1年である。

第1期（ほぼ単独処遇ができた5カ月間）
　A子とこれからの処遇と生活目標について話し合うため面接した。当分は集団には参加させないこと，時間割は2週間ごとに作り，体育や入浴，行事などの集団で行う日課もトラブルを起こせば，次から個別にすることを言い渡した。いったんはしぶしぶ承知したが，執拗に不満を言い続けた。また，それだけでは済まず，自分より後から来た新入生が集団に出ていく

3 特定不能の人格障害と診断された粗暴な少女の事例

と，朝礼や体育など数少ない集団参加場面で，その少年に陰に陽に嫌がらせをし，当てこすりを言い続けた。自閉的で，職員に訴えることができないある少年に対して，足を踏んだり，行き違いや，回れ右の時などに，手や肘を当てていたことが発覚した。厳しく問い詰めると，自分に対する侮辱であると逆上し，居直ったが，しつこく追求されることが面倒になって私にはあやまったので，みんなの前でも謝らせることにした。被害者の少年には，「許したくなければ許さなくてもいいから，その場で，許しませんと言いなさい。今度は先生たちが目を光らせて2度とあんなことはさせないから」と勧めたが，脅えており，本人の謝罪を受け入れた。本人は自分が謝ってやったのだから，相手が許すのは当たり前との態度であり，何の効果もなかった。

　（入所時，体重106kg）減量したいとの申し出あり。「気まぐれで，職員を患わすだけなら協力できない。減量が療養指示として出されたからには撤回しないが，それなりの成果があって平均体重に近くなって指示解除になるまでやり通すと自分で書きなさい。希望は主治医に伝えます」と言うとご機嫌であった（主食1／3の食事制限の療養指示が出る）。

　他の少年への執拗な嫌がらせは続いていた。また，単独室におり，ほとんど集団の少年との接触はないのに少年たちの名前や属性（出身地，事件など）をどこから情報を得るのか不思議なほどよく知っていた。

　入院から3カ月経過した時，今回は家族が一切，面会も差入れも拒否していることの怒りや，少年なりに忍耐しているのに，一般少年院への移送の望みがないことなどの不満を高めていた。職員の目が離れた隙に，精神疾患を抱えた少年を，「ぼけ，かす，きちがい，人間のくず」とののしり，殴るまねをしたところ，相手が脅えて反撃し，ひっかかれて負傷する事故がおこった。他人を侮辱する行為について厳しい処分をする旨言い渡した。「けがしても悪いのは私か，暴力を振るったのはあいつやろ。」とふてくされていた。その夜，本人が思慕するB精神科医が当直で回診したとき，腹痛，不眠など次々訴えだし，それを諭した当直職員に暴言を吐き，職員の

顔面を殴った。居室に戻されると，B医師や主治医であるC医師のことを罵り暴言を吐き，鏡を割って手首を自傷した。B医師が手当てしようとすると，「大丈夫，皮しか切っていない」と狂言であることをはっきりと言い始め，しかも段々要求をエスカレートさせ，B医師の白衣をしっかりつかんで離さず「5分でいいから話を聞いてほしい。そうしたら居室に戻る」と言う。B医師が拒否すると暴れだし，また当直職員を殴り保護室に収容された。3日間の保護室収容後に迎えにいくと，言い訳をせず，黙って私と保護室の掃除をした。その後しばらくは自重的な生活を続けた。

「先生に気に入らないところがある」と言う。言ってもよいと許可すると「私も先生の気持ちに近づけたと思うときはとてもうれしいので，そのときはお母さんとかママとか呼びたいけど，すぐ先生は『先生と生徒です』って厳しい顔をするでしょう。私，心を閉ざしてしまいそうや」と言う。「けじめが大切ですから。……あなたによくなってもらうよう努力するのは私の仕事です」と言うと「いつもけじめ，けじめですね。まあいいけど。でも他の先生をそう呼んでも目くじら立てなかったけど」と少し不満そうではあった。その後は終日不気味なほど静かで，指示に従順に過していた。

私が，産休に入る前には，一応私には従順な対応をするようになっていたが，どこか無気力であった。担任が若い職員に変わることを告げると大げさに泣いたりしていたが，納得していた。

第2期の処遇（単独処遇が困難になった5カ月）

この時期については，当時の記録と交代の職員からの情報に基づいて記述する。A子は，すぐ，元の粗暴で傍若無人な態度に戻った。また，若い職員がA子との一対一の対応に対処しきれず，A子の要求に押されて，作業や学科，行事など集団で行う日課を増やしていた。この間，担任の若い職員に対しては，わがままで横着であったが，A子の言いたい放題の中には，私には言えなかったA子自身の弱みや私に対する両価的な感情が告げられた。生活態度を当時の記録から見ると以下のような内容である。

「ずっと続けていた減量の療養指示に文句を言出す。『主食1／3の指示はおかしい』『しんどいのに就寝許可が出なかった』など，くどくど言い出しなかなか居室に入らず，一時間ほど職員を捕まえ，一般少年院に移送をしないと言われたことや，医務課や担任への不満などをまくしたてた。」
「『Dという人物を告訴したい。小5の時，おじいちゃんの息子のEという人が友人のDという男に勝手に私の戸籍抄本を見せた。Dに"おまえはここの子ではないんだから，何も恐くない"って言われた。それで自分は横道に外れてしまった。この7年間，誰にも言えなかった。けど，もう我慢できない。告訴したい。分類統括（少年の帰住環境の調整を担当する職員）を呼んでほしい』と言う。分類統括が面接をしたが告訴はウヤムヤにした。」（この後，謹慎執行のため，別棟の単独室に移る。）
「主治医の診察，『けりをつける。白黒つけたる。被害弁償，慰謝料を請求します』と言う。職員より，『診察である。白黒つけるとかいうことではない。そのようなつもりなら診察は受けさせない』と言われると，『先生らの顔潰したらあかんし』などと言いながら，診察を受けに行く。主治医よりいすに座るように指示されると『なんでおまえの言うこときかんのや。このやぶが！』と言い，『このけりをどうしてくれるんかい。慰謝料払えよ』と大声で言う。職員が間に入り単独室に連れ戻す。1時間後に『先程は失礼しました。再度診察をお願いします』と職員に申し出，断られると，大声を発し，『何も聞いてくれないんなら死んでやる』と叫び続け，保護室収容となる。保護室では放歌，悪態言いたい放題であった。謹慎の言い渡しの席で暴れたり，古い保護室の床板を剥がして大暴れした。このような状態が2月いっぱいまで続く。女子寮では，対応できなくなり，別棟で処遇した。」
その後，この主治医を公務員職権濫用で告訴したが，2カ月後に不起訴となった。
　この時期，少年の攻撃の対象になったのは，当時の主治医である精神科C医師であった。本来，医務課は規則の厳しい少年院の中では，少年を患

者として扱い，比較的社会と同じソフトな対応をする場所として認知されているので，厳しい生活の救いと感じている者が多かった。実際，彼女も当初は投薬や休養の要求をし，医師の許可を盾にして教官の指示を無視する理由としていたこともあった。しかし，この時期Ａ子が主治医に攻撃的であったのは，Ｃ医師が，Ａ子の身勝手で執拗な要求を断固として受け入れなかったためであり，Ａ子が，もはや自分のわがままを，医師の許可を盾に正当化できなくなったためと考えられた。

また若い職員との面接で，私に言葉で傷つけられたと言ったが，具体的な内容は言わなかったとのことであった。私は，思い当たる言葉が多くあり過ぎてどの言葉なのか特定できなかったが，そのようなことをＡ子が言うことは想像できた。踏み込んで処遇すれば，相手を無傷では済ませられないこともあったからである。

第3期前半の処遇（単独処遇に戻し，行き詰まりを感じるまでの5カ月）

5カ月後，私が産休を終え，始めて登庁したその日に，Ａ子は保護室収容中で，誰も教えていないのに「今日から元の担任がくるはず。女子寮に戻してくれるだろうか」と保護室担当の職員に言ったとのことであった。私は，保護室解除後，しばらく別棟に面接と入浴，更衣に通った。再会前に，上司から「以前の彼女と同じに考えてはいけない。女性だけで対応するのは危険なので，男子職員の応援をつけるから」と言われたが，私はあまり危険な雰囲気を感じなかった。

女子寮に戻して元の処遇に乗せるためには，まず主治医に対する態度を改めさせることが必要だった。Ｃ医師に対して，一方的に理不尽な言いがかりをつけ，多大な迷惑をかけたことを認めさせ，謝らせることであった。「先生（主治医）が謝れば，私もあやまります。なりゆきに任せましょう」という。「では診察には行かせません」「医務課は私を診る義務があるんですよ。○○（幹部の役職名）が診てもらえというから，まあこれからは診てもらおうと思ってるんですよ。なりゆきに任せましょう」とにやにやし

ている。「〇〇先生には担任が行かせなかったと言いなさい。私もけじめをつけずに行かせるわけにいかないと申し上げておきましょう」と言うと，「先生，私が〇〇にいろいろ言ったからって気を悪くしないでくださいよ」「〇〇先生が何をおっしゃったか，今，関係ない。全面的に自分の非を認めてあやまるかどうかだけです」と言うと「分りましたよ。ただし先生が立ち合うのは嫌です」「私が立ち合わなければ行かせない」腹を立て大きな声で「行きますよ。あやまりますよ。でも心からではありません。心の中に憎しみは持っていていいんですね」「何度も言っているけど，心にどう思っているかまで，私は立ち入れない。心のなかは自由です。口に出す言葉や態度は指導します。今までのことを謝罪して，先生（医師）や看護婦さんを侮辱したり暴れたりするようなことはしませんとあやまって約束すればそれでいいのです」と介入すると謝罪し，診察を受けた。「自分では冷静に言えたと思う」と機嫌がよかった。

　このずいぶん後に，A子は私に，C医師をどう思っているかと聞いた。私は，とても尊敬しているし，C医師とならば安心して一緒に仕事ができると答えると，彼女は，私が尊敬している人なら，正しい人だろうと言ったことがあった。

　年度が変わり，ほとんどの幹部職員の人事異動があった。彼女は職員の人事に強い興味があり，新しい職員に自分の存在をアピールするため策動した。しかし，彼女の処遇については，新しい幹部職員は，私が求めた援助以外に彼女に対しては，特別な扱いは一切しないで，彼女の執拗な面接の要求には応じなかった。

　彼女は入院当初から，ことあるごとに父母の悪口を言った。家族に手紙を書くよう指導してもとりあわなかった。「切手の無駄です」という。「私にはあなたのご両親がそんなに非常識な人には見えない」と言うと一瞬喜んだように見えたが「外面がいいんですよ」と悪口を続けた。母親についてのロールレタリング（本人が母親のロールをとって自分に手紙を書く。必要な時は職員がコメントしたり，母親である本人に返事を書くこともあ

る。）もいいかげんにしかせず，早く止めたがった。

　母親について話を聞くと「先生，常識で私の母親を考えないでくださいよ。子どもを階段から突き落とそうとしたり，棒で傷が残るほど殴ったり，母親がですよ」という。いい部分を思い出して見るという提案については受け付けない。「先生がお母さん役をやって見てくださいよ。芝居でいいから。思いっきり腹立つこと言ってみたい」と何度も言っていた。

　この夏に，少年院からの再々の催促で，義父実母が面会に来た。実母は，整った顔立ちで，物腰はやさしく派手なところはまったくないごく普通の主婦に見えた。義父は2度目の面会である。親としての道義的な責任はとるという態度は一貫していた。品がよく，注意深くものを言う人だった。面会の内容で印象的であったのは，彼女が，「女の子ばかりやから。私が婿養子をもらうの？」と2度ほど聞き，「そんな先のことはわからへん」と義父が答えたことだった。面会は和やかだった。彼女は，自分を引き取ってくれるかどうか最後の方でやっと聞いた。父親は，多くの人に迷惑をかけたから，すぐに返事はできないと言った。

　他の少年たちは，なるべくA子にかかわらないように避けていたが，A子の嫌がらせも，だんだんましにはなっていたものの，A子のいる女子寮の2階の一角の個室は使用できなかった。仕方なく彼女の隣室を使うことがあると必ずもめごとが起った。

　退屈しのぎに隣室で反省となっているF少年に呼びかけ，答えがないと「てんかん，泡吹いて倒れてるんか」「えっと，てんかんとは……辞書で引いたろか。てんかんとは筋肉の……」としつこく大声で独語し続けたとのこと。Fは泣きながら我慢していたがひどく傷ついていた。

　隣室の少年に，職員を呼ばせたりする。その際「自分で呼べ」と言い返したG少年に対して執拗に「梅毒，無能，汚い血の病気のくせに恥ずかしないんか」とか「てんかん，へー，てんかんってやっぱり気違いなんか」等々聞くに絶えない内容を繰り返しF，G少年を侮辱した。

　上記の2件については，特に厳しく指導した。彼女は一方的に私に叱ら

3 特定不能の人格障害と診断された粗暴な少女の事例

れても，言い訳の余地がなかったのでしゅんとしていたが，私は自分の怒りを自分で制御できにくくなるほど怒ってしまい，教官室に戻っても手が震えてボールペンが持てなかった。近くの個室の精神疾患を抱えた少年は，いままで特に私に懐いていたが，私が彼女を説諭する様子で脅えてしまい，しばらく私に対して緊張するようになってしまったほどであった。

　今まで，他の少年たちは，日常生活ではA子と接する機会はほとんどないので，偶然被害にあっても我慢していた。しかし，この頃には，必ず私にA子の苦情を告げてきた。また何かで彼女が凄むと「細水先生に言うよ」と先手を打つこともあり，かなり強気になってはいた。少年たちは彼女のこと以外の訴えは職員それぞれにしたが，彼女のことに関しては私に言った。どんな些細なことでもその度に事情を双方から聞きA子を叱った。

　この時期口内炎になっており，「仮退院まで生きていられないような気がします。辞書の死という文字にも目がいってしまいます」と日記に書いていた。

　他の職員の悪口や，勤務評定をするので注意すると，「私には何もしてくれない」と言い返す。(私に)注意された後，(私が部屋の前を立ち去ると)大声で毒突いている。「くそー婆婆に出たら，あの女，どんな目に合わすか！　逃げんなよ。わが子もみんとほっといて他人のガキにかまうなよ。」「どんな目に合わすの？　逃げないから教えて」とたずねると，びっくりして「陰険じゃないですか立ち聞きして」としどろもどろになっているようなこともあった。

　また反省や謹慎があったせいか，寮主任に絡み，「また，考査(別棟の寮)に預けるつもりか，先生らはうちをいびり倒すのが仕事か，死にたいわ。よっぽど死にたいわ。死んでやるから」「医療少年院の人殺し！」と叫び続けた。寮主任の注意に対しては睨みつけていたとのことであった。上記の件で注意したが，居直り，収まらず，大声で騒ぎだし「昔，人を殺しかけたことがある」「先生の首絞めたら，検送(検察官送致)になるやろ，拘置所に送れ！」とおさまらず，駆け付けた男子職員に保護室に収容

された。保護室での身体検査に行くと，私を見て「人殺しの先生が来た」と叫び，保護室の中でボディチェックしてる私の首に手をかけ「言うた通りにしてやろか」と軽く絞めた。ボディチェックしてる間「ほら，検送にせい」と絞めたり緩めたりしていた（この後，約2週間，保護室で暴れ続けた。女子寮に戻ってからも，約2週間ほど荒れ続け，保護室との間を往来した）。

第3期後半の処遇（比較的安定し出院に漕ぎ着けるまでの7カ月）

　この時期は，第2期のように，下着をわざと付けずに，少年院内の規則違反による処分の言い渡しの場所に出て大暴れし，また騒動を引き起こすような攻撃的なものではなく，どのように私や女子寮と付き合えばいいのか分らないで苦しんでいるように思われた。私は，A子に，「接近したり離れたりしているのはA子の方で，私はずっと同じ所に居る」と言っていたが，私もA子の変化（粗暴さや傍若無人さ，周囲に自分の悪事さえ認めさせるような傲慢さが影を潜めてきた）に戸惑い，次の段階への移行の準備ができていなかった。また，いままであまりにも桁外れの少年であったため，職員も少年も，A子に傷つけられても，災害に遭ったつもりであきらめていた。ところが，ここになってA子が等身大に見えてきたため，その被害を許せなくなり，被害や苦情を私に訴えて来るようになった。周囲の怒りを彼女と一緒に受け止める作業も辛いものがあり，私とA子の関係や距離はその当時不安定なものになっていた。

　周囲の少年が職員と協力して，A子にはっきりとものが言えるようになり，A子と対等な対応ができるようになったので，少し集団の日課を増やすことにした。寮に戻ってきてからの生活態度はよいので1カ月半後に最上級に進級した。普通の少年が進級する倍以上の時間がかかっていた。学習の取り組みも良くなり，課題読書をきちんと読むようになった。しかし，最上級生になれば，2カ月か2カ月半で通常は出院ということになるが，彼女には見通しがなかった。

(面接)父との関係について聞く。「母親の男という気持ちは変わっていない。」「私にしてやることに対していちいち恩に着せるのが腹立つ」と言う。「本当のお父さんはどうなの」「えっ……別に関係ないし」「会ったんじゃないの」「何で知ってるの？」「警察の照会が来たから……」「ふーん……関係ないというか，別に，見ただけですよ」「どうだった？」「どうって……別に」とはぐらかし，実父についてはその後も一言も話さなかった。義父については散々悪く言ったが「私みたいな迷惑な者を引き取ってやろうという気持ちには敬意を払う。なんで他人がそこまでとは思う」「それが大切と思うけど，あなたのために何かしてくれる。それがたとえ妻のためだとしてもすごく有り難い」というと「まあ……そうですね」と言っていた。

　実父については，それ以前も尋ねたことがあると思うが彼女は何も話さなかった。あれほど自分の周囲のことは細かく報告しながら，実父について一言も話さなかった。

「(日記)婆婆に見捨てられているようで淋しい。婆婆は遠い，淋しい」保護観察所が少年の仮退院に難色を示しており仮退院の見込みは遠い。仮退院の審査のための委員面接を自分だけ受けられないことについて話をすると「自分で自分の足を引っ張っていたんですね」と荒れずにいた。

　本人の了解を取り，知能テスト（新田中Ｂ式）を実施。思ったほどできないようであり，「先生，私，白痴かなあ。心配です。白痴でしょうか。相当，頭は悪いですよね」とショックのようであった。「優秀とはいえないけど普通よ」と答えると，「本当，本当に普通くらいの頭？」と不安そうであった。日記にはテストのことはまったく触れてなかったが，「気が滅入る」と書いていた。

　餅つきに参加する。約束をよく守り，トラブルは起こさず参加した。餅を数える時，掛算ができないことがみなに知れたが，日記には「すごく感激した。今まで父の実家で餅つきがあっても，私はいつも弁解がましいことを言って連れていってもらえなかった。先生に協力して私を出してくだ

さった他の先生方にも感謝します」と書いていた。この頃には彼女は30kgの減量に成功しており，彼女にとっては，はじめての貴重な達成経験になっていた。

　(仮退院を審査するための) 委員面接。帰れる目処がたって安心していた。入院してから読んだ本を数えさせたところ70冊以上。本人は得意で「外にいたら読まないような本を読みました。漢字検定も2級取ったし，知識を得るってすばらしい」と言っていた。「次は，阿Q正伝っていう本が読みたい」というので「少し，阿Qはあなたに似ている。読んだら怒るな，私も阿Qに似てるけど，難しいけど読んでみたら」というと喜んでいた。

　17歳で仮退院したが，その2カ月後，放浪中に警察に補導され，振り切って逃げる途中に心不全で死亡した。

Ⅲ　考　察

　A子は，脳の器質障害，狭義の精神障害が疑われたが，医療少年院での診察の結果，それらは可能性が乏しいと否定され，抗精神病薬等による治療は行われなかった。中程度の知的障害であり，行動的発展性に乏しく，行動面の固着性が強い点が認められた。また，臨床像から，小児期発症型の行為障害，または，反社会性人格障害へ移行する可能性が高いと診断された。

　常識を大きく逸脱したA子の幼児期からの粗暴傾向の原因は，まず家庭の養育環境に求められる。若すぎる母親が放任し，暴力団の組事務所で4歳まで育ったことが，性格偏倚に決定的な要因となっているようである。A子の対人関係の基準は，自分より強いか弱いかというレベルのもので，すぐ破綻はするが，権力者には迎合して承認を求めようとし，弱者には容赦なく力で支配しようとした。対人関係への希求が激しいにもかかわらず，安定して対等な関係を結ぶことができなかった。本来母子関係で形成されるべき基本的な信頼関係の基盤が認められにくいのは，A子の母親自身も

また実母にも養母にも縁の薄い人で，母親の役目を果たすことが難しかったと考えられた。また，A子は，「組長の孫」と自慢しながら，祖父との血縁が無いことに不安を持っていたが血縁や家族関係が不確かな故に，ヤクザ文化やヤクザ的行動傾向へ強くこだわり，自己を同一化させようとの心理機制が感じられた。

　A子はたとえどのような施設であれ，適応することなく処遇する職員たちに絡みつき，混乱状態を引き起こすやり方をとり，それに成功していた。今までの施設で，A子は，暴言暴行だけでなく，職員の情報を上手くつかんで職員をコントロールしょうとし，自己の異常な不信感や敵意を衝動的に相手に投影するため，処遇する職員たちが恐慌をきたし，脆くもA子の操作に屈して，A子に対して規則の適用が不能になり，A子の問題行動や病理を深める結果になっていた。

　この小論では，医療少年院での処遇期間22カ月を3期に分けて記述した。その経過を振り返ると，第1期は，少年集団との折り合いは上手くいかなかったが，担当職員には従順となった。第2期は，少年なりに周囲とはこぜりあいしながらも4カ月ほど安定した後，約3カ月間，女子寮では処遇不可能になるほど荒れ，主治医を告訴する事態を起こしている。第3期前半は，療養指示による食事制限をよく守り，減量が進み，髪を伸ばしている。対人関係では，職員も少年も息のつまるような厳しい指導や激しいやり取りを繰り返した。少年は息詰まり感を訴え，時には自分の中にある激しい対人希求を抑圧していることも，自己嫌悪を口にすることもあった。最終的には，担任職員に「殺される」「人殺し」と叫びながら，保護室の収容となった。第3期後半は，約1カ月間，低迷状態が続き，保護室と女子寮を行き来したが，その間何度も，自分を見捨てないか，指導を放棄しないか言葉で確認していた。その後6カ月間は，少年集団と対等な関係を受け入れ，心情も安定して仮退院に至っている。

　人格障害の少年の処遇において，何より大切なことは処遇する側が大人として揺るぎない壁になることである。医療少年院での処遇を振り返ると，

そのためには規則適用による処遇の一貫性と礼儀を含めて細かな生活訓練を続けることが重要な点であった。この観点から，少年が一番長期間荒れた第2期の問題点を考えると，まず第一に職員間の意志の不統一や連携のずれが起こっていたことである。個々の職員に対する容姿や属性への容赦のない非常識な攻撃に職員は疲労し，逃げ腰になっていたし，主治医への攻撃に対して，処遇する教官側がそれを阻止できず，主治医を盾にしていた。医務課と筆者ら教官の所属する教育部門のこうした対応のずれに，A子は巧妙に入りこもうとして，成功はしなかったものの，自滅的な他者操作を長期間繰り返すことになったのである。

　第二の問題は，A子の処遇に幹部が担当職員に指示を送るのでなく，担当職員を越えて処遇に加わったことは，A子に特別な意識を植え付け，担当職員が指導できないというような認知をA子に与える結果となった。また窓口が広がったことで少年が職員の情報をつかむ機会が増えるという危険性もあった。結局，以上のような条件が重なり，幹部の転勤による交替と担任職員の復帰という変化を待つまでA子が安定しなかったものと考えられる。

　第3期の前半を考えると，主治医と担当職員の連携は保たれており，幹部がA子の執拗な面接の要求に応じず，担当職員を窓口とする処遇に徹していたことも重要なことであった。第3期後半は，集団や施設への適応を高めるために勢い枠内に安定させようとの指導に走り，さらに内面に向かって枠を絞ったため，A子は混沌とした内部を侵襲され，依存的な自己を脅かされる不安から「殺される」と叫んで担当職員に攻撃を向けてきた時期と考えられるが，その後A子は，不思議なことに処遇に乗るようになった。A子から暴力的に凄むという雰囲気が消え，少年集団はA子を恐れなくなった。A子は以前ほど職員に再々面接を受けなくても比較的安定するようになり，一人で読書するなど，ある程度孤独への耐性が出来ていたように見えたのである。

　しかし，仮退院後すぐに家出放浪し，突然死を迎えた。その原因は，医

療少年院での矯正教育では，十分な家族関係の調整や施設適応を越えた社会適応に向けての訓練ができていなかったこと，今までのA子の激しい行動化のため，どこからも警戒されて，他の機関と連携することも難しかったことなどが考えられる。

IV　最後に

　A子に死という結末がなくても，思春期の約2年間という年月と「処遇の成果」とが見合うものかどうか，考えることは辛いことである。2年の時の経過があれば，A子は自然に彼女なりの大人になっていく可能性があったかもしれない。トラックの運転手を相手に小娘が渡りあうほどの処世術を彼女は心得ていた。少年院の処遇で，粗野で狂暴な彼女の生命力まで衰弱させてしまったのではないだろうかと思う時がある。

　A子にとっては，矯正教育の目標とする「社会適応」とは「余計なお世話」であり，「服従・不自由」という殲滅すべき敵であった。彼女は，あのままでも大罪を犯すことはなく，当時もその後も勝手気ままな放浪生活を求めていただけのようにも思える。桁外れに迷惑で「嫌な奴」であったが，A子自身は罪の意識や他人の迷惑など感じもせず，謝ればそれで済むと思っていた。傍若無人で，気に入らなければ相手かまわず挑みかかってくる彼女には魅力があった。私には矛盾した思いが今でも残っている。

謝　辞

　稿を終えるにあたり，次の3名の精神科医に心からお礼を申し上げる。

　本稿は平成8年の法務省矯正研修所での処遇困難者の事例研究を基にしているが，当時，御多忙な中，スーパーバイズしてくださった法務省矯正局医療分類課長大橋秀夫先生，貴重な御意見・御示唆をいただいた元京都医療少年院長稲本雄二郎先生，御指導を続けてくださる京都医療少年院医務課長西口芳伯先生に深謝いたします。

引用文献

1 ）細水令子（1996）処遇困難者の処遇：境界性および他の人格障害，摂食障害，性的被虐待体験などの問題を抱える女子収容少年の処遇，矯正研修所紀要第11号　38-45　法務省矯正研修所.
2 ）細水令子，西口芳伯（1998）医療少年院における「境界例」少年の治療・矯正について　非行臨床の実践　193-202　金剛出版.

参考文献

Perry, J. C., Vaillannt, GE : Personality disorders. in Kaplan, H., Sadock, B(eds.) (1989) Comprehensive Textbook of Psychiatry, 5ht ed, Williams & Wilkins, Baltimore.

コメント3　重篤な人格障害を抱える少女への矯正教育の事例

生島　浩

　少年鑑別所における資質鑑別に加えて，精神鑑定までもが必要とされる凶悪・特異な非行を犯した子どもの処遇とその予後が社会の関心を集めている。彼らは，精神障害の治療が可能な医療少年院に収容されることが大半であるが，そこでは，まず，医務課の医師が投薬や医的管理を行っている。一方，教育部門に所属する教官が，日常生活に関する指導，交換日記，面接による心理的援助や教科教育および職業指導などの矯正教育を実施している。さらには，保護室への収容といった行動制限も行える治療構造となっている。本論文は，重篤な人格障害を抱えた少女に対する教官集団による矯正教育に焦点を当て，医療少年院の処遇内容の詳細を明らかにした貴重なものである。

　殺人はもとより強盗や集団暴行など粗暴性が認められる非行を行った少年が，少年院のような矯正施設で特に扱いにくいということはない。矯正施設自体に備わる強制力，それはけっして教官が力で押さえつけるというのではなく，少年院のルールを守らず規律違反を重ねると出院が確実に遅くなるシステムから生じるものである。それに加え，少年の大半は「こんなことをやった子とは思えないほど小心」であり，「一人になると別人のように大人しい」のが，実務家の共通の認識である。

　そこで問題となるのは，A子のように重篤な人格障害を抱え，矯正施設内においても衝動コントロールが効かずに粗暴な行為を繰り返す少年への治療的働きかけである。神戸の「小学生連続殺傷事件」を契機として，平成9年に特に重大な非行を犯し，少年のもつ問題性が極めて複雑・深刻な事例のために2年を超える期間の贖罪教育を加えた処遇プログラムが新設

された。しかし，本事例はその適用前のものであり，治療上の必要な期間よりも身柄の拘束を伴うため人権保障の観点から約1年が平均的な少年院の収容期間であったときに，22ヵ月の在院期間は極めて処遇困難な事例であったことを示すものである。

A子の診断名が適切なものかどうか，その飛び抜けた粗暴性がどこから由来するのか，生物学的なものか，暴力団組長の養女という成育環境からなのかなどについては，議論する十分な資料が示されていない。ここでは，あくまで，入院施設内での治療的働きかけについて，そのプロセスを段階別にみていくことにしよう[1]。

第1段階は，処遇者と個別的な関係，すなわち，1対1の関係を結ぶことである。処遇者も少女と同じ一人の人間であることを相手に訴え，少女の自尊心を高める働きかけがポイントとなる。女子寮のマネージメントという現実的な問題があったのであろうが，単独処遇にして，本人の限りない要求や揺さぶりの窓口を筆者に一本化したことは極めて有効であったものと評価できる。

第2段階は，24時間目の行き届く治療構造の利点を生かし，眼前の問題行動の是非について，信賞必罰を原則として，「いま・ここで」で指導を加えることが中心となる。A子への対応の基本として，筆者は次のような原則をあげている。

(1) 隔離の理由を彼女自身の問題として納得させること
(2) 他の少年と比べさせないこと
(3) 自分に対する配慮を，当然のことと考えさせないこと
(4) 「組長の孫」という肩書きに何の意味もないことを思い知らせること
(5) 暴言と暴力を使用できない状態において等身大の自己を自覚させること
(6) 彼女と他の少年のトラブルに関しては，喧嘩両成敗はあり得ず，必ず原因と被害を徹底的に究明し，責任を取らせること

いずれも少年院の矯正処遇の中で伝統的に行われてきたもの，と筆者は強調するが，本少年のみならず，人格障害を抱える少年の特質に配意した施設内処遇の基本原則と考えていいものであろう。

第3段階としては，処遇者の関わりを複数にして，立体的な人間関係を学ばせることが要点となる。ここで，矯正教育を担う教官以外の医務課の医師との関係が浮上し，B医師には，白衣をつかんでしっかり離さず，恋慕するという陽性転移が生じている。また，本人の身勝手で執拗な要求を断固として受け入れなかったことから，C医師は激しい攻撃対象となっている。矯正施設においては，このような言動を「規律違反」として処罰の対象として捉えることが一般的であろうが，高ぶる感情をこのような行動化としてしか表現できないことを内省させる精神療法的な関わりを持つことは，現行の限られたスタッフからは非現実的なことかもしれないが重要である。

第4段階として，少数であっても同世代の少年と相互交流できる場を設けていくことが不可欠となる。A子は，隣室に収容されている少女の心身のハンディキャップを声を高くして繰り返すなどしていたが，周囲の少年が職員のパワーも借りてA子と対等な関係を結べるようになり，徐々に集団の日課が持てるようになっていった。しかし，集団教育が中心の一般少年院へ還送して，その後に仮退院させることはないままに出院となっている。前述のように平均的な在院期間をすでに大きく延伸しており，一人だけ出院が遅れてくることから生じる心情不安定を施設管理の面から恐れたのであろうか。

全体を通じて，筆者は，「人格障害の処遇において，何より大切なことは処遇する側が大人として揺るぎない壁になることである」と言い切っている。その観点から，処遇者間の意志の不統一や連携のずれを問題視している。

精神医療現場，特に，精神分析的方向づけを持った入院治療においては，投薬や行動制限を主に扱う管理医（administrator）と精神療法を行う者

(therapist) とを分ける治療形態である A-Tスプリット (split) が, 境界性人格障害などの治療に有効であると言われた。この種の患者の精神内界に踏み込む治療を行えば, その激しい治療者の巻き込みにより, 病院の管理的側面がガタガタとなり, スタッフの協力関係も崩れ, 他の患者へも悪影響が甚だしいことへの対応策のひとつであった。

しかしながら, 患者の中で行動化と精神内界の揺れが不可分のように, 現実の行動面に配意しない精神療法的アプローチなど非治療的であり, 処遇スタッフが一枚岩では患者の息苦しさは計り知れないものとなろう。不統一や不整合を抱えながら, どうにか日々をしのいでいる処遇スタッフの姿から, クライエントが折り合いをつける術を学ぶことのできる処遇期間の確保とスタッフの整備が, 非行臨床における喫緊の課題である。

参考文献
1) 奥村雄介 (2000) 行為障害の矯正治療『こころの科学』93, 47-54, 日本評論社.

コメント3を読んで

細水　令子

　本事例については，彼女も私自身もあれほど苦しまない，より有効な治療的処遇の方法はなかったものかと，自問自答してきましたが，コメントをいただいて，答えがわかったように思います。それは彼女の人を求める激しい攻撃行動が収まれば，現実の行動に配意した精神療法ができる適切な社会内の施設で，次の段階での治療的処遇が行われたかもしれないということです。

　人格障害を有する少年の教育は，心の中に踏み込むより，行動に焦点をあてて，今までの複雑な行動の有り様を，より単純化する方向に絞る方が，経験的に有効であったと考えています。このような処遇でも，当然，少年と職員の間には情緒的交流が生じて，投影性同一視や分裂等によって，さまざまな心理的出来事が起こり，職員自身もフラストレートされ，ジレンマに苦しみます。さらに，医師と医療スタッフ，医師と教官の関係には，軋みや分裂さえ起こるのです。彼女のような激しい攻撃をする人格障害の治療実践では，もともと職員間での一枚岩というような関係はありえず，対立や分裂を防ぎながら，あるいは繕いながらの薄氷のような「連携」でしかないのですが，職員間の「連携」を形成・維持するために費やした労力，お互いの配慮とコミュニケーションは，彼女の脆弱な自我に，少しとは言え，成長をもたらしたものとは言えないでしょうか。

　また，医療少年院の少年集団は異質な面をもった少年に比較的受容的です。同年代の心身に疾患のある少年たちとの生活が彼女に与えたものは少なくなかったと思います。

　彼女を，もっと多くの集団処遇の場に連れ出せるようになるために必要

な期間の問題は何とも言えません。

「仮退院」として社会に送り出す時期の判断は、どんな少年においても難しいものですが、特に人格障害を抱える少年の場合は困難です。ただ、最終段階において、彼女は、暴力を振るわず、欲求のある程度を自分の中に収めておけるようになっていました。私自身は、非行内容にもよるものの、施設内治療があまりに長期に渡るより、少年は社会内で学習し成長するほうが良いと思うので、良い変化があり受け皿があれば、社会内処遇に切り替えるべきと考えています。短い貴重な思春期にある少年たちを抱える施設職員として、リハビリが、施設と社会との間で機能的に行われることを願わずにはいられません。

参考文献
1）西口芳伯，佐々木直，安部惠一郎，吉益晴夫，細水令子（2000）シンポジウム 矯正施設における不食　矯正医学　48；48-68　日本矯正医学会．

4

放火を起こした女子分裂病の症例

広沢　正孝

I　はじめに

　ここでは，思春期心性，女性の心性，精神分裂病（以下分裂病とする）の心性と暴力との関連を，放火という重大犯罪に至った一女性患者を提示し考察する。一般に暴力行為の発現には，攻撃性が重要な役割をもつ。攻撃性は本来あらゆる動物が本能としてもつものであり，生命の維持や種の保存に欠かせない役割を果たす。高次の精神構造をもち複雑な社会の中に身を置くヒトの場合，攻撃性は「自我の傭兵であり，自我によって訓練され武装され」[9]，結局は複雑な社会に適応すべく変形され，多くは社会適応に有利な形として表出される。しかし種々のストレス下では，ときにそれが破壊的行動と直結し，社会に有害な形をとることもある。とくに分裂病者の場合，それが彼らに特有な心性をもとに，心的ストレスに対する独特な解決方法，たとえば被害妄想などの形成に向けられ，妄想に左右された破壊的な行動として表出されかねないことがある[4]。彼らの暴力行為の底に潜む，独特な心性や解決方法を正確に理解しておくことは重要であろう。たしかに分裂病の発症には，思春期における「出立」のテーマ[5]が絡み，分裂病心性と思春期心性とは密接な関係がみられる。しかし彼らの暴力行

為は，それのみでは説明しきれないからである。

なお筆者の臨床経験では，思春期分裂病者の暴力の事例は，男性例に目立つ。女性例の詳細な提示と検討は，女性の社会進出が盛んになってきた今日，とくに重要と思われる。

II 症例提示

生活史：患者は昭和52年，大都市近郊にて，会社員の長女として誕生した。同胞として1歳年少の妹がいる。出生，発達にはとくに問題なかったが，母親の陳述によれば，妹が誕生したのち，「赤ちゃん返りし，甘えが目立った」という。患者は生来，内気ではあったが，友人に誘われればよく遊び，自己主張も目立たず，このような患者を評して母親は，「優しい子」であったと語る。一方患者は，自分を評して，「プライドが高く，負けず嫌いな反面，友達の意見に流されて小さい時から自分というものがなかった」，「妹とは仲がよかったが，いつも競争心をもっていた気もする」と述べている。

患者の父親は，いわゆる「会社人間」であり，毎晩帰宅が遅く，子どもの養育に関しては「あまり関心」がなかった。患者に対しては「甘く」，そのような父親に患者はよく甘えていたとのことであった（母親の陳述）。なお父親は，患者が小学校2年生のときに，肺癌にて病死している。患者の母親は，過度に心配性で，子どものしつけは厳しく，また夫喪失後は一家の家計を支えるため，近所のスーパーマーケットに勤務していた。患者に対しては「あなたはお姉さんなのだから，しっかりしなさい」と常に激励し，あまり自己主張しない患者に対して，「いつもふがいなさを感じていた」ともいう。患者の妹は，積極的，社交的であり，自己主張が強く，また母親に対して「甘え上手」であったとのことであり，患者は「小さい時から妹にはかなわないと思っていた」という。

患者は，地元の幼稚園，小学校，中学校を優秀な成績で卒業した。小学

校時代の患者の交友関係は比較的広く，患者自身「誘われるままに楽しい日々を送った」とのことである。中学校時代は吹奏楽部に所属したが，これも「仲のよい友人に誘われた」ためであり，「音楽にものすごくひかれたわけではなく，ただなんとなくやっていた」，しかし「負けず嫌いで，『練習しているのにできない』とみられたくないので，密かに練習して本番の準備をしていた」という。勉強に関しては，「徹底的にやるか，駄目だと思った時には最初から放棄し手をつけなかった」とのことである。またこの時期を振り返って患者は，「皆，放課後にデパートやスーパーに行ったりしていた，私はお母さんに『勉強が遅れるから』と止められ，行けなかった，友達から誘われると，お母さんの言うことをきけばよいのか，友達のいうことをきけばよいのか自分で決められなくて，いつも悩み，結局お母さんの意見を選んだ」と語っている。この時期一過性に患者にはチックがみられた。高校は母親の期待に応えて，地元の進学校へ入学，患者は「高校では皆が同じように勉強し，私も勉強に打ち込めた，母の意見と皆の行動が一致していたので，中学の頃よりも気持ちは楽」であったという。

　高校1年の2学期，同級生から「好きなスターは誰？　好きな男性はどんなタイプ？」などと尋ねられ，このとき患者は，「答えられなく，『私には自分がない』ということにあらためて気づいた」とのことである。その直後より患者は，「このような自分が，友達に『子どもである』と思われるのではないかとビクビクし」，友人を避け始めた。また1年の3学期には，「周囲がボーッと見え，何をしても実感がない」など離人症状を思わせる症状が出現した。高校2年時，1歳年下の妹が，患者と同じ高校へ入学した。妹はバスケット部に入部し，患者には「高校生活を謳歌しているようにみえ，また1日の出来事を母親に楽しげに話し，母親もまたそれを嬉しそうに聞く姿に，嫉妬のようなものを感じた」とのことであった。高校2年の1学期末，患者は同級生の男子生徒Aより声をかけられ，夏休みはAに誘われるままに，数回デートを重ねた。このとき患者は，Aと会っているときのみ，「異常に燃え上がるような感覚」を感じたという。のち

に振り返り患者は,「やっと人並みになれたような感じでホッとした反面,感情のコントロールができなくなって怖かった」と述べている。デートを重ねるにつれ,患者の帰宅時間は遅くなり,そのような患者を母親は心配し,「交際を控えるように」説得を繰り返した。なおこの時期には,患者には勉強に対する集中力が低下し始めていた。

現病歴:高校2年の2学期,患者は勉強に集中できず,前期末試験の成績も低下した。母親は引き続き恋人との交際を控えるように忠告したが,患者は「私の意志でつき合っている,私はお母さんのロボットではない」と,かなり攻撃的な口調で反論し始めた。この時期患者の情動はめまぐるしく変化し,徐々に言動に一貫性がなくなってきた。同年11月には,自由奔放な妹に対する母親の寛容な態度と,自分への厳格な態度との相違を責め,「お母さんは妹ばかりかわいがって,私の気持ちを全然理解してくれない」と繰り返し訴え,連日親子喧嘩が続いた。12月には患者は「自分の感情を全然コントロールできなくなり,怖くなり」,また家庭内で衝動的にいすを投げたりし始めた。また学校では,「女友達が皆,『柄にもなくA君と付き合っている』」とばかにしているように感じ,同月中旬より患者は不登校となった。

自宅では,相変わらず母親とのトラブルが絶えず,このころ患者は,「妹に対するお母さんの態度と自分に対する態度の違いから,自分が母親の本当の子どもではない」と直観的に思ったという。患者は自室に閉じこもり,その一方で母親に極端に甘え,言動にまとまりを欠いた。このような患者に対し母親は(1度だけ),「こんな子は,私の子ではない」と語った。また「お母さんと妹とがA君をめぐってひそひそ話をしているのを聞き,お母さんは(私ではなくて)妹とA君を結婚させようとしていることが分かった」,そして同時に患者は,「やはり私はお母さんの本当の子どもではない」と確信したという。以後このような家族否認妄想,被害妄想が持続し,母親にそっけない態度をとったり,母親に対して「恨みをぶちま

け」，家庭内は騒然としてきた。患者自身は当時を振り返り，「なんとなく中途半端な気持ちで，A君に対する感情のコントロールもまったくできなくなり，お母さんにも自分を大人としてきちんとみて欲しいという気持ちと，子どもとしてみて欲しい気持ちが一緒に出てきてしまって，何が何だか分からなくなってしまっていた」と語っている。高校2年の3月，患者は「もうここまできたら一からやり直すしかない，自分に関係する物を全部捨てないと，本当の自分は生まれない」と思い，患者はそれを実行するために，自宅に放火した。

　このときは幸い，自室の一部を燃焼しただけであった。母親は患者の精神状態の異変に気づき，当院を受診させた。筆者は精神分裂病の診断で入院治療の必要性を説明したが，患者にはまったく病識がなく，また母親も「このまま入院させたら，この子は本当に自分の子どもではないと信じてしまう」と，かたくなに入院治療を拒否した。やむ終えず筆者は，外来治療を開始，haloperidol:15mgを主剤とする薬物療法を開始，しかし患者は服薬を拒否したため，患者を説得してhaloperidol decanoateのデポ剤を併用した。その結果，約2カ月の経過で，家族否認妄想，被害妄想は影をひそめた。なお患者は高校3年の5月まで休学，その間にAとの交際も中断，しかしそのことに関しては，患者は多くを語らなかった。同年7月まで，筆者のもとに患者は通院したが，その後患者も母親も筆者の元を訪れることなく，治療は中断となった。

　母親の陳述によれば，その後患者は「ほぼもと通りになり，学校にも通っていた」とのことであった。ただし集中力はやや欠如，成績も中の下，全般的に「フワッとした感じで，以前よりもさらに自己主張することはなくなった」という。患者は大学進学を諦め，地元の中小企業に事務員として勤務し始めた。患者は一応仕事をこなし，上司の指示通りに動いていたが，同僚の女子社員との交流は表面的であったという。患者は誘われるままに食事会や飲み会に参加していたものの，「絶えず同僚から『子どものようにみられている』ようで，居心地が悪かった」とのことであった。のちの

患者の陳述によれば，この時期も「いつかA君が結婚を申し出てくれるのではないか」という淡い幻想をもち続けていた．

就職2年目の5月（19歳），患者は後輩の女子社員の指導役を任されるようになったが，この頃より，「自分というものがまったく育っていない，自分には何もない，それなのに後輩を意志をもって指導することはできない」と悩み始めた．同年6月下旬，患者は唐突に上司に辞表を提出し，退職した．なおこのころすでに就職していた妹は，「自由奔放にOL生活を謳歌し」，恋人もでき，数回恋人を自宅に招いていた．そのような妹に対し患者は，「羨ましさと憎さ」の両感情を抱き，「自宅でも居心地が悪く，自分もなんとか一人前にならなければ」と焦燥感が増大していったという．患者はこの年，数回就職を試みたが，いずれも長続きはしなかった．19歳時の年末には，勤務中に同僚の女子社員から「自分の鞄を覗かれている」という被害妄想が出現，当初は「私が何を考えているのか確かめるために，鞄を覗いている」と患者は疑ったが，しだいに「A君の恋人が会社の中にいて，私とA君の秘密の交際を探っている」と確信するようになった．さらに20歳時には，「電車に乗っていても，A君と私の関係をめぐっていつも素行調査されている」という追跡妄想も加わった．この時期患者は会社より，言動がおかしいという理由で退職を勧められたが，患者はかたくなに拒否，そのため会社より母親の元に苦情の電話があった．母親は患者に退職を勧めたが，このとき患者は激怒し，「私が貰い子なので，お母さんは私に冷たい」，さらに「やっぱりお母さんは，A君を妹と結婚させようとしている」などと語り，前回と同様の家族否認妄想，被害妄想がみられた．さらに「ご飯の味が変わった，お母さんは妹を守るために私を毒で殺そうとしている」という被毒妄想も出現した．母親は患者を当院に受診させようと必死で試みたが，その都度患者の激しい攻撃にあい，結局3カ月ほど患者を自宅で見守った．その間に患者は会社に出勤しなくなった．

同年3月中旬（20歳）より患者は自室に閉じこもり，母子のトラブルも影を潜めた．のちに振り返り患者は，この時期，「A君との人生を歩み始

めるためにも，ゼロからやり直さなければならない，この家があるかぎり常に邪魔され，それもできない」，「自分の人生をこんなふうにしてしまったお母さんや妹に仕返しをしてやりたい」と思うようになったとのことであった．4月中旬，患者はふたたび自宅に放火，今回は全焼し，患者は地元の精神病院に措置入院となった．入院後患者は haloperidol；30mg, chrolpromazine；300mg などの投与を受け，徐々に上述の妄想は消失し，6カ月後に退院となった．しかし退院時にも病識はなく，患者は「過ぎたことは忘れます」とのみ語った．退院後患者は，同病院にしばらく通院, haloperidol；6mg, sulpiride；300mg のほか haloperidol decanoate；100mg の筋肉注射を1カ月に1回受けた．なお患者の放火事件はマスコミで報道され，母親は患者が入院中に患者や妹の「将来のことを考えて」，転居の準備を行った．

　患者が21歳時の6月，転居と同時に患者はふたたび当院に通院し始めた．この当時の患者は，どことなく茫呼としており，やや活気に欠けていた．声の調子は低く，小声で主治医の質問に機械的に答えるのみであり，言葉も少なく，患者の内界は把握しづらかった．患者は「目が震える」，「寝る前になるとソワソワする」など些細な身体症状のみを訴えたが，この種の身体症状は患者にとって，かなり苦痛なようであった．患者は放火事件のことは一切語らず，母親の勧めでまったく受動的に母親の知人の店で週3回，3時間程度のアルバイトを行っていた．

　当院外来通院2カ月目，患者はアルバイトをやめ，母親と相談の上，当院デイケアに参加することになった．この頃より患者には活気がみられ始め，主治医が想像した以上にデイケアのプログラムに興味を示した．ただしデイケアスタッフの印象では，「やや無理をしている感じ，プログラムへの参加は受動的」であったという．この時期患者は「私は口下手だから，なかなか皆と話せないけれど，なんかここの人（デイケアメンバー）は安心です」と述べていた．しかし交流相手は女子メンバーと女子スタッフに限られていた．デイケア参加2カ月目より，患者は「疲れやすさ」，眠気

をしきりに訴え，参加も5割程度にとどまった。デイケア場面では，淡々としており，表面的には穏やかな印象があったが，内界の陳述はほとんどなされない状態が続いた。この時期には，しだいに服薬も不規則になり，患者は「ソワソワに効果があるという」brotizolamのみ服用する日もみられた。主治医は患者に服薬の必要性を説明したが，表面的な穏やかさとは反対に，服薬には抵抗を示し，きわめて頑固な印象がもたれた。主治医は患者を説得し，1カ月に1回のhalope ridol decanoate；100mgの筋肉注射をかろうじて行った。3〜4カ月目は，やや体重が増加，この時期には排尿困難と便秘を訴え，また母親に対する甘えも目立ってきた。デイケアへの出席率も上がり，表情の固さも徐々に改善し，自然な会話がみられるようになった。しかしどこか深みはなく，ときおり身体症状が出現すれば，不安は一気に増大，消失すると「何も困ることはない」と笑顔で答え，自己の一貫性も感じられなかった。6カ月目には，それまで参加を拒んでいたプログラム（スポーツ）にも参加し始め，漠然とではあるが，将来の希望を語るようになった。患者によれば，「事務系，それも自分のペースでできるところ」が希望であるとのことであった。またデイケアの月間プログラムの一泊旅行にも参加し，「はじめての宴会」を体験，患者は「とても楽しかった」とやや高揚した気分で語っていた。7カ月目には，男子メンバー（軽度精神遅滞の患者で執拗な他者への確認が目立つ）に対して，「ムカつく」とはじめて対人関係における自分の感情を表出，男子スタッフに対しては冗談を語る場面もみられ始めた。

　デイケア参加8カ月目（22歳時の1月），患者は知人の経理事務所でアルバイトをすることになり，デイケアを卒業した。この事務所の職員には，患者の疾病を知らされており，患者は「安心して仕事に就けそう」と述べていた。就労2週間目の診察場面では，患者は「事務所の人は皆すごくいい人で，働いていてとても楽しいです」と述べていた。表情はきわめて穏やかであったが，やはりどこか人格の深みは欠如していた。就職1カ月目には，「少し欲が出てきました」と述べ，また「私は事務所ではけっこう

気に入られているみたいです，私は大きい規模の会社より，小さい所の方が合っているみたいです」と印象を述べた。さらに就職3カ月目には，「人間関係って大事ですね，私は大きい所ではなんかいじめられてしまって……，私は同年代の女性社員よりも，おばさんの方が安心，おばさんに可愛がられていた方が安定する」と語った。またこの時期，はじめて過去を振り返り，「前の会社では，私が付き合っていたA君が，ハンサムで学歴が高くて，私には不釣合ということでいじめられ，追い出された」と（被害妄想の形で）括っていた。4カ月目には「もらった給料で好きな物を買いました」と嬉しそうに主治医に報告，また数年ぶりに高校時代の友人に会い，「結婚した友達の所へ皆でおしかけた」という。この時期の患者は，かなり多弁であり，「なんだか知らないけれどゲラゲラ笑いながら仕事しています」とも述べていた。半年目には，母親と遠方への団体旅行に参加，患者は「参加者のほとんどが年上のおばさんで，皆から可愛がられてくつろげた」とのことであった。この時期はじめて妹のことを主治医に語り，「妹は私なんて関係ないって感じ，『馬鹿』と言われるけれど，前ほど気にしていない，ああいうこと（放火）を起こしてしまったのだから仕方ない」と述べていた。

　就職後10カ月目，患者は「高校のころ，スターになりたいと思った，これから仕事の合間に，スター養成学校へ通いたい」と語った。主治医はもう少し仕事に慣れてからの方が安全であることを患者に伝えたが，患者は翌週には都内のスター養成学校に通い始めた。この時期特記すべきこととして，養成学校で患者は「中性的である」と評価され，患者自身が「その方が楽，高校卒業後は私は無理して女っぽくして，化粧を厚くした，そうしたら自己中心的になってしまって，感情がコントロールできなくなり，性格まで変わってしまった」，また「あのころは，自分を出すと，協調性が全然なくなってしまった，自分のことを話し過ぎてしまって，警戒心が強くなっていた」と述べたことがあげられる。就職1年2カ月後，患者には劇団で知り合った新たな恋人ができた。患者によれば，「相手はいい人，

でもときめきもそれほどない人，あまり劇団で彼とのことを話してしまうと，また噂になりそうで怖い，私はベラベラ喋り過ぎる」とのことであった．

　就職1年半後（23歳），患者の妹の結婚が決まり，患者は母親と二人暮しになることになった．妹の結婚に関しては，患者は表面的には心的動揺はみられなかったが，「これまで家計を支えてきた妹がいなくなって，自分ももう少しよい給料の職場を探さなければならない，そのためにもオーディションを受けて，役をもらいたい」，「オーディションには受かる自信はないが，独身時代の最後の思い出として，受けたい」と語っていたことが印象的であった．就職2年目に妹は結婚し，患者は結婚式，披露宴に出席，妹の友人が妹を評して，皆「おとなしくて控え目な人」と述べていたことに患者は驚き，「妹には二面性がある，信じられない，私にはそのような人がいること自体が信じられない」と語った．

　以後患者は外来への足が遠のいた．25歳時までの1年間，患者はときおり薬を外来に取りに来る程度であり，その間患者は3回ほど職を変わっている．久し振りに筆者の外来を訪れた際には，患者はスター養成学校へは通学し続けていること，恋人とは別れたことを告げ，さらに「自分を分かってくれる人と，分かってくれない人がいることが分かった，今はそれでもよいと思っている，私も『おばさん』になったのかしら」と語っていた．それから3カ月後，患者は突如大量服薬して当院外来に運ばれてきた．このときは一命を取り止めたが，その際患者は，「私はA君といつか結婚できると思っていた，彼以上の人は絶対に現れない，でも昨日，ふと『そんなドラマみたいなことはない』と気づいた，そしたら生きている意味がなくなって，死にたくなった」と述べていた．さらに「私の中には，こうなって，ああなっていくものだというヴィジョンがあった，それが全部崩れて，何もないなあという感じになった」，「こうなると，お母さんへの不満が出て来る，お母さんに対する昔の疑問が今もある，家に火をつけたときの，あの疑問はまだ晴れていない」，さらに「お母さんに対する疑問は99％本

当だと思っている，それさえなければA君とうまくいっていたと思う」とも述べた。

患者は当日医療保護入院となったが，2日後，患者には過去の体験がありありと（追妄想の形で？）想起され，「1回目の放火の前にお母さんは，私がA君に会おうとして家を出たすきに，私の部屋を家捜ししていた」，「私が家に帰ると妹が迎えに出てきて，『なんだA君はいないの』と言った，お母さんもがっかりしているようだった，やっぱりお母さんは妹とA君を付き合わせようとしていると分かった」，「2回目の放火の前に，A君と二人暮らししようとして部屋を借りることにした，保護者としてお母さんの印鑑をもらおうとしたら，お母さんは『あんたが精神病院に入院したら印を押してあげる』と言った，悔しかった」，「放火の前にお母さんと格闘した，そのとき叔母さんが『私の出生の秘密を全部話してあげる』と言った，それをお母さんは『こんな子には話さなくてもいい』と吐き捨てた」などと語り，精神運動興奮状態に陥った。

その後患者は入院治療を続け，約3週間後に上述の妄想，母親に対する怨念は軽減，約4カ月後に退院となった。

III 考　察

1．思春期心性と分裂病をめぐって

思春期は，一般に「自分とは何か」という課題に直面し，自我が芽生える時期である。自我の形成には，Sullivan, H. S. の発達論[13]にも描かれているように，交友関係が重要な役割を演じる。すなわちこの時期人は，両親の庇護のもとを離れ，学校などにおける交友関係の中に身を置き，社会に適応すべく試行錯誤を繰り返す。彼らのもつ攻撃性は，友人との喧嘩，逸脱行為，暴力行為などとして表出されやすい。しかし彼らの多くは，このような攻撃性の表出を通して，「自分や友人のこころの痛み」を実感し，やがてその表出を社会に有用な形に変化させ，その中で個々の行動様式，

価値観を獲得し，固有の人格というものが形成されてくる。

さて患者の性格は，生来内気，受動的で，小学校時代は「誘われるままに楽しい日々を送っていた」という。一方で「負けず嫌い」であり，とくに妹への競争心，中学時代の部活へ取り組む姿勢にそれが現れている。しかし患者の特徴は，友人と衝突することを巧みに避け，友人との生々しい争いを経験しなかったことである。のちに分裂病を発症する者には，このような性格特徴や，生活史をもつことが希ではない。ここで問題となることは，小学校高学年に至ると，同性の親友(chum)の獲得が重要となり，その際には「相手の立場に立った」考え方と，その支点となる「自分というもの（固有の自己）」がある程度育っていることである。しかし患者には，「小さい時から自分というものがない」ままであった。患者の危機は，高校1年の2学期に，好みのスター，男性像を同級生に尋ねられ，あらためて「自分がないこと」に気づいたときに訪れたともいえよう。患者にはこのような話題を介して交友関係を広め，思春期を謳歌することができなかった。患者の攻撃性は，もはや思春期特有の交友関係の中で切磋琢磨され，一社会人としての行動様式，価値観，人格の形成の方向には向かず，いわば現実社会の中で的を失ってしまったともいえよう。

2．分裂病の発症と攻撃性の表出

患者の分裂病発症を考えるとき，このほかにも患者のもつ「生活特徴」[7]といったものによる，発達過程における心的ストレスの増大に注目する必要がある。たとえば中学時代，友人に誘われた遊びに参加するか，それを引き止める母親に従うべきかに悩み，「決められなさ」といった特徴が顕在化した。その際患者には攻撃性の一表出形態として知られているチックという神経症様症状[11]が出現した。また勉強に対しては，「徹底的にやるか，駄目だと思ったら最初から放棄するか」という特徴がみられ，これは吉松[16]のいう「悉無傾向（all or nothing）」に通じる。患者には社会とのかけひきの中で学ぶべき中庸の姿勢が欠けていた。かけひきに注目すれば，

のちに「二面性をもつ人がいること自体が信じられない」と語ったように，患者は「オモテとウラ」[3]を知らず，さらに「自分のことを話し過ぎてしまって，警戒心が強くなった」など自分の秘密を保つ術ももてなかった[2]ことが推察される。このことは「不注意にも他者に近づき」，「自己中心的になって自分を出し過ぎ」，交友関係の軋轢を生じさせたようである。母子関係に目を転じれば，患者は友人との遊びや初恋のＡ君との交際を禁じた母親に対し，やがて否定的な感情を抱き，同時に天真爛漫に甘える妹を羨望のまなざしで見ていた。すなわち患者は，母親に対して両価的感情をもっていたようであった。このことと，上述した患者が「相手の立場に立つ」ことのできない交友関係とを併せて推察すれば，患者はKlein, M.[12]のいうparanoido positionにとどまっていたともいえよう。

以上より患者の攻撃性は対人関係の中で，上述の宙を舞う状態から，しだいに他者に対する一方的な解釈，すなわちSullivanのいうParanoid solution（妄想型解決）[8]の形態をとるに至ったともいえる。

3．分裂病の発症と放火

ここで，このような患者の発症と放火に至る過程をみる。患者は高校2年時，Ａ君と交際し始めた。患者にとってみれば「不注意にも他者に近づいた」ともいえ，ただちに患者は「感情のコントロール」を失い，集中力と成績の低下を招いた。母親はＡ君との交際を禁じ，このときはじめて患者は母親に「私はお母さんのロボットではない」と抗議し，「妹ばかりかわいがって，私の気持ちを全然理解してくれない」と両価的感情を表出，以後親子げんかが絶えなくなった。家庭内でいすなどを投げるなどの衝動行為も頻発し，患者の攻撃性はなまなましい暴力行為として顕在化した。一方学校では「女友達が，柄にもなくＡ君と付き合っている」とばかにしているように感じ，被害念慮が出現，患者の攻撃性は妄想の形成に向けられていった。家庭内でも患者は，妹と自分に対する母親の態度の違いから，「自分が母親の本当の子どもではない」と直感（妄想着想），さらには母親

と妹が「A君をめぐってひそひそ話をしているのを聞き，お母さんは妹とA君を結婚させようとしている」と確信するに至った。すなわち患者の攻撃性は家族否認妄想，被害妄想として結実されていった。患者は母親に「恨みをぶちまけ」たが，母親によればその表出は激烈で，理解不能であったという。これは患者の「恨み」が妄想に基づき，かつ「（母親に対して）自分を他人としてみて欲しい気持ちと，子どもとしてみて欲しい気持ちが一緒に出てきてしまった」という陳述に象徴される両価性（相対する考えや行動が同時に出てくる[15]）に修飾されており，あきらかな分裂病性の攻撃性の表出形態となっていたためと思われる。その後患者はまもなく1回目の放火に至った。

　ここで注目すべき点は，たしかに放火が家族否認，被害妄想に基づいてはいたが，同時に患者が妄想世界の中で自分の将来を，「一からやり直すしかない」，そのために「自分に関連したものを全部捨てなければならない」と一気に括ってしまったことである。放火は攻撃性の表出の中でも殺人・強姦と並びもっとも社会規範を逸脱した重大犯罪に分類されている。統計的にも分裂病者の重大犯罪は妄想に基づいたものが多い[1, 10]。しかしそれに加えて，「一からの『出立』」を求める分裂病者の心性も無視し得ないであろう。

4．再犯をめぐって——その危険性と分裂病心性

　1回目の放火後も，19，25歳時に患者の病状は増悪し，19歳時には2回目の放火に至った。その経緯をみると以上のとおりである。患者が女子社員の指導役となり，ふたたび「自分というものが育っていない」ことに気づき（個別化の危機），やがて「A君の恋人が，私とA君の交際を探っている」という被害妄想，退職を勧めた母親に対する家族否認妄想をもった。さらに「A君との人生を歩むためにもゼロからやり直さなければならない」と括り，母親への恨みも重なり，放火という形で攻撃性が表出された。すなわち1回目とほぼ同じ患者の内界の流れが確認できた。25歳時の増悪で

は放火に至らなかったが，家族否認妄想，母親への恨みは同じ形で出現し，その危険性がなかったとはいえない。

　増悪時に同じような経緯を歩むことは注意すべき点である。そこでその要因を探るべく，寛解期の患者の特徴を記述する。まず患者の高卒後の勤務姿勢，交友関係に関しては，発症以前と同様，きわめて受動的で，「『子どものようにみられるのではないか』と思い，自分を出すこともできなかった。すなわち自我の脆弱性と，木村[6]のいう「個別化の危機」を常にもっていたといえよう。妄想は一切語らず（「過ぎたことは忘れます」），A君との交際も中断したが，それにまつわる苦悩は表出されず，むしろ不自然な印象が抱かれた。母親に対する両価的感情も一切表出されず，「棚上げ」[14]されていた。一方で患者は，一貫して「いつかA君が結婚を申し出てくれる」という淡い幻想をもち，現実よりも幻想の中に自己の存在根拠を見い出していたようである。これは「幻想的自我同一性」[18]と呼べるものであろう。いずれにしても，寛解期の患者の心性は，発症前と基本的に変わらず，対人関係の中で切磋琢磨されることなく，思春期の心性をもち続けていたともいえる。妄想形成に向けられた攻撃性は，社会との接触の中で現実適応の方向に変形されず，「幻想的自我同一性」の保持に向けられたままであった。このことが増悪期にほぼ同じ形をとりながら，究極的な暴力行為（放火）に至らせた要因と推察される。

　なお3回目の増悪は，前2回の増悪と異なり突発的であった。これは患者が「A君との結婚」に関し，「ふと『そんなドラマみたいなことはない』と気づき」，「私の中のヴィジョンが全部崩れた」ことに始まった。このことは「幻想的自我同一性」の喪失の危機に直面したことを意味する。吉松も指摘しているように，分裂病者にとっては現実の喪失よりも「幻想的自我同一性」の喪失の方が，危機を招く。しかしこの危機が放火まで至らなかった背景には，ほぼ持続的な精神科治療・デイケアにおける集団療法などが功を奏したこと，患者なりの成長がみられたことがあるように思われる。患者は「私は同年代の女性より，おばさんの方が安心，おばさんに可

愛がられていた方が安定する」,「皆に『中性的』と言われた，その方が楽，無理して女っぽくすると，自己中心的になり，感情がコントロールできなくなり，性格まで変わってしまう」と語り，上述の個別化の危機をすでに自覚していた。また増悪の経過で,「こうなると，お母さんへの不満が出てくる，お母さんに対する昔の疑問がまだある，それさえなければA君とうまくいっていたと思う」と主治医に言語化できていた。個別化の危機の自覚，母親への恨みを主治医に訴えたこと自体，放火に至る最後の一歩，すなわち「一からやりなおさなければならない」という心理状態に陥ることへの歯止めになっていたことが推察される。このことは，再犯の防止に持続的な精神科治療，およびその中における患者の成長がきわめて重要なことを示唆する。

Ⅳ　おわりに

今回筆者は，放火という重大犯罪を繰り返した，分裂病女性患者を報告し，放火という行為の基底にある思春期心性，分裂病心性を考察した。この症例から学べることは，放火をたんに妄想に基づく現象と解釈しただけでは防げ得ないこと，さらに危機的状況下で分裂病者が抱きやすい「一からの『出立』」という心性を理解することの重要性である。なお女性の分裂病者の暴力は経験的にはあまり目立たない。この症例で注目すべき点は，患者が家族否認妄想をもった点である。吉松[17]は笠原の「出立」のテーマをさらに性別に検討し，「出立」は「巣立ち」,「巣作り」に分けられることを指摘，男性では前者が優位に，女性では後者が優位であると述べた。患者の「いつかA君と結婚できる」という幻想には，まさに「巣作り」のテーマをみることができよう。患者の場合，「巣作り」を邪魔する母親に攻撃性が向けられ，これが家族否認妄想という形態で表出されたものと思われる。筆者の経験では，激しい暴力行為を示す女性分裂病患者に家族否認妄想が関与していることがまれではないことを，最後に述べておく。

参考文献

1) Boker, W., Hafner, H. (1973) Gewaltaten Geistesgestorter. Springer, Berlin.
2) 土居健郎（1972）分裂病と秘密　分裂病の精神病理1巻（土居健郎編）1-18　東京大学出版会.
3) 土居健郎（1976）オモテとウラの精神病理　分裂病の精神病理4巻（荻野恒一編）1-20　東京大学出版会.
4) 広沢正孝（1998）内因性精神障害における攻撃性の精神病理　脳の科学,20: 971-979.
5) 笠原嘉（1967）内因性精神病の発病に直接前駆する「心的要因」について　精神医学, 9:403-412.
6) 木村敏（1974）身体と自己：分裂病的身体経験をめぐって　分裂病の精神病理2巻（宮本忠男編）243-273, 東京大学出版会.
7) 小見山実（1974）分裂病者における自己と他者：環界とのかかわり方を通じて　分裂病の精神病理2巻（宮本忠男編）73-97, 東京大学出版会.
8) 中井久夫（1990）Sullivanの精神分裂病論　精神分裂病：基礎と臨床（岸本英爾, 松下正明, 木村敏編）37-46　朝倉書店.
9) Parin, P. (1972) A Contribution of Ethio-Psychoanalytic Investigation to the Theory of Aggression. Int. J. Psycho-Anal., 53: 251-257.
10) Planasky, K., Johnston, R. (1977) Homocidal aggression in schizophrenic men. Acta. Psychiatr. Scand., 55 : 65-73.
11) 坂口正道（1991）幼少時から神経症様症状を呈した分裂病例：前駆症と小児分裂病をめぐって　精神経誌　93:309-333.
12) 佐藤五十男（1986）Klein,M.の精神分析理論と治療技法：症例をもとに.精神発達と精神病理（北田穣之介, 馬場謙一編）169-202　金剛出版.
13) Sullivan, H. S. (1953) The interpersonal theory of psychiatry. W. W. Norton, New York.
14) 武野俊也（1987）選択的実感棚上げ現象について：精神分裂病者の感情生活における特徴的一側面　精神経誌　89:182-203.
15) 安永浩（1987）分裂病の症状論　金剛出版.
16) 吉松和哉:精神分裂病の自我に関する一考察：その精神行動様式上の特徴を中心に（1976）分裂病の精神病理6巻（荻野恒一編）21-49東京大学出版会.
17) 吉松和哉（1978）入院治療　精神医学　20: 1055-1060.

18) 吉松和哉 (1981) 対象喪失と精神分裂病：幻想同一化的自我（幻想的自我同一性）の破綻と発病　分裂病の精神病理10巻（藤縄昭編）75-104　東京大学出版会．

コメント4

中村　伸一

　八百屋お七が，放火の罪で火刑に処せられる直前に，咲きおくれの桜を一本手にして詠んだ「世の哀(あはれ)，春ふく風に名(な)を残し，おくれ桜のけふ散りし身は」という辞世の句には，この患者の心性を理解する上でのいくつかのヒントがある。

　お七の吉三郎へのアプローチは極めて果敢なものだった。お七と同じ年頃だったこの患者が，Ａと会っているときのみ「異常に燃え上がるような感覚」（p.83）を感じたのと似ている。

　ただ患者の場合にはお七と違って，妹や母親にＡを奪われるとの嫉妬心が「燃え上がる」。私はどうしてもこの時，男性である父親のいない女三人暮しの境遇を想像せざるを得なかった。思春期に至った患者が現実の男性である父親との日常の体験なしにＡと付き合うことが，いかに自分を見失いそうになるかは想像に難くない。この混乱には，第二次性徴による性的欲求の昂進も荷担していたとみるのが妥当だろう。Ａとの交際を母親に注意されると，その恨みは「母親と妹からの嫉妬」という性愛的な投影性同一視にかたちを変える。娘を嫉妬しＡを自分のものとしようとする母親が，実母のはずがないという疑義が，母親の「こんな子は，私の子ではない」との一言で激しい暴力と伴う家族否認妄想へと発展する。あくまで女性三人が異性を巡って抗争を繰り返しているという思い込みは，このような女性だけの三人暮しという境遇と無関係ではあるまい。

　2回の放火の理由の背後には，こうしたＡへの思いがあったことを後に患者は追想しているが，放火の直接の引き金となった空想には共通したものがある。それらは「……一からやり直すしかない，……」（p.85）と「……ゼロからやり直さなければならない……」（p.87）という原点あるいは振

り出しにもどしたいという空想である。好色五人女の中でも西鶴はお七の状況を,「ある日, 風のはげしき夕暮れに, 日外, 寺へにげ行世間のさはぎを思い出して, 又さもあらば, 吉三郎殿にあひ見る事の種とも成なんと, よしなき出来こころにして, 悪事を思ひ立つこそ, 因果なれ,……」と表している。恋愛の発端の場所である吉祥寺へと事態を戻そうとする空想が背後にある。患者もAへの思いが募れば募るほど, それを阻止する母親と妬ましい妹への怒りが高まり, 家ごと消すための手段として放火を選ぶ。お七も恋路を邪魔する状況にいたたまれず, 放火と吉三郎との再会とを結び付ける。

放火には, attention-gettingの意味合いがある。患者は「高校のころ, スターになりたいと思った」(p.89)などと語り, その後もオーディションを受けたいなどと夢は続く。また, お七も火事という大騒ぎを目論んでいたし, 辞世の句でも「(世に)名を残し」と歌っている。

こうした脈絡からすると, 25歳時の自殺企図が放火ではなく大量服薬であったことには, 同じ破壊的行為でも1回目と2回目の放火とはやや違った意味があるだろう。未遂後も明らかに母親への恨みを語っているが, これは未遂後に再び生かされたことを知った患者が, その生きる術あるいは糧としての攻撃性(agression)を再び母親に向けることで維持しようとする現象とも取れる。

Storr, A. によれば, aggressionがもっぱら「攻撃」とされたのは, 18世紀になってからで, そもそもは環境を支配し, そこから生存に必要なものを奪おうとする動因をaggressionと呼んだという。つまり, 受動的に待っていたり退却するのではなく, むしろ反対にある対象にむかっての積極的努力であるとしている。

患者は自殺企図の前に, 恋人と別れ,「私も『おばさん』になったのかしら」(p.90)と語り, Aとの関係が「そんなドラマみたいなことはない」(p.90)と気づいている。さらに,「……ヴィジョンがあった, それが全部くずれて, 何もないなあという感じになった」(p.90)と述べ, aggression

が薄れている。お七も火刑におよんで「おくれ桜のけふ散らし身は」と死を受け入れるべく歌い世を去っていく。患者も「おばさん」になってしまったと感じ，「おくれ桜」のお七のように人生を閉じようとした。生への執着であるaggression（aggress＝原意は単に「近づく」ことを表していたらしい）が表面に現れなくなると社会的動物としての人間は死を選ぶのだろう。「近づく」対象を喪失したともいえる。炎が怒りを象徴するように，aggressionを失った25歳の患者には，放火という破壊行為はそのとき必要なくなってしまったのではなかろうか。

　今一度，放火の病理を知りたくて，いくつかあたってみた。犯罪心理の専門書にまで手が回らず，手元にあるKolbの教科書を開いた，そのなかには，FIRE－SETTING SYNDROMEとして，比較的長めの記載がある。いわゆる児童期のワクワクしながらの火遊びの延長線上にある放火や盗み，怠学などの反社会的な攻撃的行動とは異なり，思春期における放火には，より複雑で重篤な病理が背景にあるという。重要な他者に対する恨みとしての放火だけではなく，性的に動機づけされていたり，一体化あるいは再一体化空想が加味されていたりするなど，より複雑なものとなる。思春期の放火の大半の事例は，診断的には境界例あるいは分裂病とされるという。

　西鶴の描くお七の行状は，境界例のそれに近い。この症例も持続的な「妄想」を根底に維持し続けた分裂病とみることができよう。ただ，筆者の臨床経験からも性愛的な激しい感情が続く時，人はだれでもが妄想的で被害的になりやすく，色恋沙汰からは自殺企図や殺傷事件が発展しやすいように，だれでもが境界例のような行動化に走る危険をはらんでいる。

　「放火」に注目することで広沢論文に補完的なコメントを試みた。いくつか行き過ぎの解釈があったかと思う。著者からのリコメントのなかで，訂正していただければありがたい。

参考文献
1）井原西鶴作，東明雅校註（1959）好色五人女　岩波書店．

2) Storr, Anthony (1972) Human Destructiveness, (「人間の破壊性」塚本利明訳　法政大学出版局　1979)
3) Kolb, L. C. (1977) : Modern Clinical Psychiatry. pp730-732. W. B. Saunders Company.

コメント 4 を読んで

広沢　正孝

　中村氏のコメントは，攻撃性の一表現型である「放火」という行為の視点から，あらためて筆者の症例を見直し，解釈を加えて下さったものであると思われる。このコメントにより，症例のもつ病理の解釈の幅が，より広がったことを感謝したい。

　まず，中村氏が筆者の症例を，「好色五人女」（西鶴）の八百屋お七と比較検討をされたことは，きわめて興味深い。筆者の症例が「精神分裂病」であるということを括弧に入れれば，中村氏の洞察は鋭い。ここで括弧に入れればとは，分裂病特有の自我障害というファクターを，いったん棚上げして症例を眺めてみれば，ということである。中村氏の指摘により，何故筆者の症例の攻撃性が，自殺や殺人ではなく，最終的に放火という手段として結晶化したのかという疑問に光が当てられたように思える。提示した症例の場合，（たとえ彼女自身の妄想的解釈によるところが大きいとはいえ），ある面では女性三人暮しの家族の中における異性を巡る確執，そしてそのような確執の渦巻く家そのものを消し去る必要性に迫られていたといえよう。その際，彼女自身がもっていた「Aとともに生きる」という幻想は，自殺という自己の内に向かう攻撃性ではなく，自己の外に向かう攻撃性を発動させたのであろう。また外に向かう攻撃性が，殺人ではなく放火という形をとった背景には，彼女の恋愛にまつわるテーマが，「Aを妹にとられ，母もそれを願っている」という，「家庭」ないし「家」そのものの問題に直結したためとも思われる。いずれにしても中村氏が指摘されたように，八百屋お七によって描き出された，二次性徴による性的欲求の昂進，さらに「恋路を邪魔された」ことへの恨みや愛憎を抜きにして，症例の放火は語れないと思われる。

ただし，中村氏によれば，八百屋お七は境界例に近い。したがって筆者の症例とは病態の深さが異なる。両者の行動や心理に類似する面が多々あるとしても，今一度精神分裂病の病態の深さに注目しなければならないであろう。たとえば，八百屋お七の吉三郎へのアプローチは果敢なものであったが，筆者の症例のAへの思いはきわめて受動的なものであった。「異常に燃え上がる感覚」も一過性で，それはむしろ彼女をして，自我境界を見失う恐怖を抱かせた。そしてその後のAに対する思いは，再燃時以外は半ば意識の水面下に沈み，まさに吉松の指摘する「淡い幻想」という形をとった。実際2回の放火ののち彼女は，長期間Aのことも放火の件も「なかったかのごとく」生きていた。そのような症例は，きわめて「中性的」な雰囲気を醸し出すひとであった。

ところで，そのような筆者の症例も，再燃時に限れば，放火という行為に走り，同時に激しい恨みを孕んだ妄想を語った。そしてその文脈は，中村氏が八百屋お七に沿って解釈された心理描写に類似する。しかし症例にとって，この文脈は，あくまでも「自分というものがない」という個別化の危機（木村）に対するparanoid solutionによって描き出された妄想世界であった点が，八百屋お七と相違する。また中村氏が指摘するように，八百屋お七は，恋愛の発端の場である吉祥寺へと事態を戻そうとし，これは筆者の症例が放火に至った際，の「一から，ないしゼロからのやり直し」に一見似ている。換言すれば「そもそもの原点に戻ろう」とする心理であろう。しかし筆者の症例の場合の「そもそもの原点」とは，Aとの出会いの時点ではなく，遥かそれ以前に遡り，彼女の全人生の出発点を意味しているようであった。「ゼロ」という言葉はそれを象徴し，彼女が常に「自分がないこと」に苦悩していたこともまた，それを裏付けよう。ここに精神分裂病の患者の病態の深さをみることができると思われる。

最後に，中村氏にも触れて頂いた，自殺について述べたい。中村氏は当症例の「おばさんになった」という点に注目し，八百屋お七の「おくれ桜」の心境との関連を見い出した。そしてその背景にaggressionが薄れてい

く現象を推察した。たしかに症例の場合も,「おばさんになった」と語った時期には,「人間的な丸み」や「余裕」を筆者に感じさせた。それは微笑ましくもあり,哀愁を帯びたものでもあった。彼女には,外へ向けられた攻撃性（ないしは妄想形成に向けられた攻撃性）は目立たなくなっていたようである。しかし幻想の崩壊,そして上述の「自分がない」という「そもそもの原点」に気づいたとき（内省したとき),彼女は自殺という激しい行動化（自己の内に向かう攻撃性の表出）に走った。やはり攻撃性自体は衰えていなかったようである。未遂後の妄想の復活は,中村氏の解釈が示唆に富む。ただし症例記述では紙面の都合で記載しなかったが,この妄想は1週間ほどで影を潜め,その後2カ月近くにおよぶ抑うつ状態が認められた。それは彼女の内界における生と死の近さを露呈させた期間でもあった。彼女の語った「おばさん」は,愛憎入り乱れた世界を生き抜いた末に辿り着く「諦念」の境地とはほど遠いものであったようである。それがいかなるものであったのかは,残念ながら筆者にも,今もって答がない。

5

いじめによる傷害致死の事例

田中　研三

I　はじめに

　本事例は二人の中学生が同級生に，数時間にわたって執拗に暴行を加え，その結果死に至らしめたという衝撃的な事件である。

　主犯格の少年（以下T）は「人格障害」が疑われる。送致された少年院でも成績が悪く，仮退院後も些細な原因で何度か暴力事件を引き起こし，その度にかなりの重傷を負わせ，最終的には再度の少年院送致になっている。著者（以下Th）が担当したのは従犯と見られる少年（以下S）であり，主犯と見なされるTは同僚が担当していた。

　Sに初めて面接するまでに，事件から半年ほど経過していた。学生服姿で少年院の面接室に入ってきたSは，小柄で実に幼い感じの少年であった。Thは，それまでに知らされていた事件の凄惨さと，Sから受ける印象との落差に戸惑いを感じたものだ。

II　事例の概要

1．非行の事実

中学3年生のS（14歳）は同級生のTと共謀して，同級生の被害者をTの自宅に連れ込み，二人で何十回となく顔や腹を手拳で殴りつけたり足蹴にしたほか，柔道やプロレスの技をかけて投げ倒したり頭を床に打ちつけるなどの3時間半にわたる暴行を加えて死亡に至らせた。

2．家族構成および生活歴

Sは第2子，長男であり2歳年上の姉と1歳違いの弟，さらに2歳年下の妹がいる。妹は小学生，弟はSの事件を起こした同じ中学校に通学している。両親は離婚しており，Sと弟妹は父親と生活をし，中学校を卒業した姉は自立している。

母親によるとSは兄弟の中で一番優しく，弟や妹の面倒をよく見ていたという。また今回の事件までは特別大きな問題行動は見られなかった。しかし両親や教師は気づいていなかったが，Sは転校前の中学校で所属したクラブの活動のなかで執拗ないじめに遭っており，転校後はいじめられないためにいじめる側に身を置こうと考えたと述べている。

少年の父親は腕のいい型枠大工ではあるが，家庭的な人ではない。子どもに対する愛情はあり，一応の義務は果たしはするが，仕事をしている方がいいという。口が重く，現実対応能力は欠けている。飲酒はしないが，パチンコ・麻雀などギャンブルが好きである。貧困多子家庭で育ち，中学校を終えると直ちに都会に出て自立している。母親は，この父親を依存的で子どものような人であると評している。

母親は大柄で，しっかりした女将さんタイプの人。現在は小さな居酒屋を営み，少年宅から数十分のところで男性と生活している。中学校を卒業後，集団就職で上京したが，その後F市に移り，父親と知り合い結婚する。

結婚後，夫婦の間に特別な問題はなかった。父親は自営業者として職人も抱えて，働きもよく，ローンで自宅を購入している。やがて事業資金や住宅ローンの支払いに追われてサラ金などの借金を重ねるようになり，生活に困った母親が居酒屋を自営する。そして，Sの10歳頃に，離婚を決意

した母親が子どもを家に残して突然家を出て行き，やがて両親は離婚する。母親は父親の実生活上のいい加減さに愛想がつきたと言い，父親は母親に愛人ができたので家族を捨てたと非難する。その後，紆余曲折はあったが父親が子どもらを引き取って育てている。父親は金に困ると子どもに母親の営む居酒屋にまで無心に行かせたり，居酒屋の前に捨てるように子どもを置き去りにするようなこともあったという。

　本件は3年生の新学期早々に起こっているが，Sは3年生になってH市のこの中学校に転校してきたばかりであった。離婚後も両親はともにF市内に居住し続けていたが，少年の一家はこの事件の直前に父親の勤務する会社に近い現在のH市に転居してきた。

　事件の直後から地域の有力者でもある父親の雇い主が前面に立って対処し，Sを自分の会社で雇うと表明したうえ，比較的早い時期に被害者の両親との示談をもまとめている。またこの雇い主は父親について「いったい誰の子どもかと言いたくなるくらい人任せにする」と依存的な傾向の強さを批判している。

Ⅲ　面接の経過

　Thは心理臨床家としては精神力動論的な人間理解に基づく来談者中心的な個人心理療法の立場であり，面接方法は基本的に対面法である。

第1期　仮退院までの少年院在院期間（第1回～3回）
　Thはおおよそ1年2カ月の少年院在院中に引受人である父親に4度，母親に2度，そして雇い主に3度面接をしたほか，中学校の教師や被害者の両親とも面接している。その過程で先に述べたような少年の家族関係や生活歴などの情報を得ながら，少年院で3度にわたってSと面接している。
　SはThの問いかけに応えて「少年院では規則通りにしておけばいいから楽」「規則違反に巻き込まれないように，単独室の方がよい」と語り，

その一方で「一日でも早く少年院から出たい」そして「働きながら定時制高校に通いたい」との希望を述べている。

また事件については「少年院の中で自分にできることは（冥福を）祈ることしかない」「（事件は）何か訳の分からないうちに起こった感じ。結果は重大だが，こんなことになるとは思わなかった」「自分がやったことだから償わねばならない」（第1回）と語っている。Sの淡々とした口調のせいかもしれないが，Thにはその言葉にあまり深みが感じられなかった。

同時に「今の家に帰るのは嫌だ。被害者宅が近いし，事件を知っている人には会いづらい」（第1回）「近所の人が自分のことを知っていると思うと気が重い。引っ越して欲しい」（第2回）と家に帰ることへの不安を語っている。しかし父親は自宅の表札を前の居住者のままにしておきながらも「こんなことをやってしまった者としては，辛い思いをして耐えていくべきではないか。何処に逃げても解決にならない」との断固とした態度を変えなかった。やがてSも少年院での生活で「自分もやればできるとわかって嬉しかった」（第2回）「自分の意見をきちんと相手に伝えられるようになった」（第3回）と自分の成長を語るようになる。そして「両親に迷惑はかけられない」（第2回）「自分のことで周囲に迷惑をかけたくない」（第3回）と強調し，しだいに不安の訴えは影を潜めていく。

またSは両親の間に立って「母さんに手紙を出すことにしたが，お父さんの意志に反して勝手にやっているので心苦しい」（第2回）「（社会では）お母さんと連絡を取ってやっていくつもりだが，お父さんが嫌がるのではないかと気になる」（第3回）と苦悩を語っている。父親は雇い主の「子どもにとって母親は必要」との一言で母親との行き来を認めざるを得なくなるが，「子どもを捨て，責任や苦労はすべてこちらに負わせながら，親だとか子どもがかわいいからと接触を図るのは身勝手で腹が立つ」と不満げであった。

Sの面接での態度は問われたことに素直に答えるだけでなく，控えめながらも自分から気持ちを伝えようとするなど好感のもてるものであった。

当初の緊張も回を重ねるごとに和らいでいくのも感じられた。しかし常に抑制された語り口であり、不安や苦悩などの生の感情が表出されることはついになかった。

仮退院以降の経過

第2期　X年1月〜3月（第4回〜12回）

　仮退院の当日に保護観察所を訪れたSと父親は、被害者宅を訪ねたうえで、明日からでも働き始めるという。Thは処遇の枠組みとして、毎月保護観察所で2回、S宅で1回の面接を行うこととし、面接時間はおおむね45分程度とすることを提案して、Sの合意を得、父親の協力を取りつける。できれば週1回の面接を提案したかったが、雇い主に気兼ねをする父親が反発する虞があったことや、仕事を休んで来所しなければならないという負担感を少しでも軽くしようと考えての妥協であった。

　この後Thの担当する期間全般にわたって、当初の面接についての提案はほぼ完璧に守られただけでなく、毎回約束する次回の面接の日時も違えられることはほとんどなかった。

　しかしこの期には「少年院では、面接態度が悪いと不利にならないかと緊張した」（第5回）「本当の気持ちを言うと、成績が悪くならないか不安」（第6回）などとThや保護観察への不安や不信を表明し、「何を話したらよいかわからない」（第5回）「生活に変化はなく話すことはない」（第6回）「出頭は面倒くさい」（第7回）「何も心に浮かばない」「緊張する」（第8回）と強い抵抗を示している。

　また「中学校では励まされたが、白々しく感じた」「（被害者の）お父さんは励ましてくれたが、怒っているように感じた」と自分が社会にどう受けとめられるのか強い不安を感じ、やや被害感を強めている。そして「近所の人がどう思っているか気になって、家に閉じこもっている」「友だちにも会いたくない」（第5回）「知った人に顔を見られないようにした」（第9回）と身を潜めて生活しているようすが語られる。しかし「同級生

に会っても何も言われなくて良かった」（第7回）「出てきているのかと言われた」（第10回）と必ずしも迫害的ではない現実に触れてしだいに落ちつき，「社会生活に慣れた。自由でいい」（第7回）「少年院の習慣もなくなり，思い出さなくなった」（第11回）と社会に適応しつつあるようすが語られるようになる。

父親に対しては，母との関係では「連絡を取るのを父は許してくれるが，本心は嫌がっている」（第5回）「母を自分勝手だと責め，会うのを嫌がる。気持ちは分かるので気分を悪くさせないよう気を遣う」（第6回）と語るほか，「父は腕のいい職人」（第5回）であると理想化し「貯金をしてくれるというので，信用してお金を預ける」（第6回）「お金に困っているようなので，自分が食料を買っている」（第7回）と気遣いを示している。

この期，特に第8回には緊張が極端に強く，また沈み込んでいる感じだったのでMSSM＋C法[注]を試みる。見られているとうまく描けないと中断してしまうが，そのやり取りでやや緊張がほぐれたようで，Sは初めて「先生に対してふざけたことを言う生徒の尻馬に乗って授業を潰すのが得意だった」と自分自身の一面について語っている。第12回には「がんばっているし，満足している」と自分を肯定的に受けとめるに至っている。

第3期 X年4月〜9月（第13回〜26回）

面接については「話すことに慣れない」「何を話したらよいか困るので，考えて来ている」（第20回）とは語りつつも「夜遊びをすると少年院に戻されると説明を受けた」「少年院で会ったときから（Thは）細かい注意はしないと感じていた」（第14回）「（保護観察所では）静かで落ちつく」（第

注）山中康裕によるコラージュを加味した交互スクリブル（なぐり描き）物語統合法。1枚の画用紙を数コマに分割し，交互になぐり描きに投影した画を完成していくが，最後の1〜2コマはコラージュで完成させ，最後に完成したそれぞれの画を繋ぐ「物語」をつくるというもの（山中康裕 1993「私のスクイグル　MSSM＋Cへの招待」臨床描画研究Ⅷ による。）当時Thの勤務する観察所には箱庭などがなかったため，本事例では主に遊戯療法に代わるものとして導入した。

20回）とやや抵抗もゆるんだ感じである。Sの態度は相変わらず淡々としており，「かなりリラックスできるようになったが，まだしゃべりにくい。怒られることはないとわかっていても，ここでは話してはいけないことがあるように思い気を遣う」（第21回）とも述べている。Sは第1期の緊張は和らぎ自分から思いつくままに話すようにはなったものの，感情を交えることはなく，仕事や身辺雑事と父や職場への不満を淡々と語り続けることが多かった。S自身も「保護観察には少しは慣れてきた。話しをするのも楽になってきたが，それでは肝心な話しができていないように感じる」（第17回）ともどかしさを伝えている。

　それでも第13回では「幼稚園の運動会のとき，お父さんが迎えに来るはずだったのにいつまでたっても来ない。先生が家まで送ってくれたが，家にも親はいなかった」ことを思い出し，Thの問いに答えて「弟と遊んでいたので，不安だとは感じなかった」と語っている。続いて「住んでいるアパートが火事になったようで，人が大勢逃げてくる。アパートにたどり着くと，弟や妹がまだ中にいる。助けに行くが一緒に真っ暗な穴のようなところに落ちて閉じこめられてしまう」という夢を以前にはよくみたと語っている。

　この後父親に対する批判的な感情がよく語られるようになり，「駐車違反になった八つ当たりで，自分に対して無茶苦茶なことを言って怒る」（第14回）「父はパチンコや徹夜の麻雀に誘う」（17回）「金を貸してくれと無理矢理取っていく」（第19回）「夕食代金などを立て替えていてもお金をなかなか返してくれない」「隠しているお金を探し出し，取り上げて，パチンコに行く」（第24回）「ゲームに勝ちたがり，不正をしてお金を巻き上げる」と並べ立て，結局は「腕の良い職人だが，それ以外はまったくだめ」（第27回）だと結論づけている。それにもかかわらず「お父さんの生活は苦しいようなので，水道やガスのお金は自分が支払っている」（第17回）というような父親への気遣いは続いている。また母親について語られることは少ないものの，「自分が元気で働いていたら喜んでくれる」（第17

回）「いろいろ気遣ってくれていて，電話の声を聞いただけで風邪を引いていることがわかった」（第24回）と優しく温かい理想的な母親像が内容となっている。

また事件についても「強い人に言われると断れなかった。今回の事件に巻き込まれていなくても同じような事件に巻き込まれていただろう」（第14回）「被害者の家がこんなに近いとは思ってなかった。わかっていたらここへは帰らなかった」（第15回）「父や兄弟がいると，いじめのニュースを見ていることができない。自殺と殺人ではどう違うのか」「自分もいじめられていた。ひとつ間違うと殺されていたかも知れない」「自殺したいとは思わなかった。いつかは必ず復讐してやろうと思っていた」（第20回）などと触れることができるようになり，そして「また少年院に戻されるようなことをしないかと心配」（第14回）「夜コンビニに行くと若い人がいるがトラブルが起こるといけないので避ける」と不安を語りつつも，一方で「早く一人前になりたい」（第21回）「同年齢の人と遊びたい」（第26回）と積極的な希望を話すようになっている。

第4期　X年10月～12月（第27回～32回）

担当替えまでの期間である。引き続き仕事や仕事場の人間関係と父親への批判が話題の中心であった。「断りきれずお金を貸してしまう」「返してくれるようにと言えない」（第28回）「交通事故に遭い，相手が全面的に悪いのに，壊れた自動車の修理も強く要求できない」（第31回）と，他者との関係の中でしっかりと自己主張をできない不甲斐ない父親の姿を語っている。また母親については，弟の修学旅行の土産と称して自分の買った品を手渡すというような気遣いを示す一方で，「お母さんはプレゼントを期待しているのかも知れないが，本当は自分はやりたくなくなっている」（第29回）と両価的な感情を見せている。

また「F市に住んでいた頃にはMのゲームセンターによく行っていた」（第27回）「Mは隅から隅まで知っている」「剣道の試合でよく（保護観察

所の）近くに来ていた。長くしていたのに初段になれなかった」（第30回）と以前居住していたＦ市での生活の一端を語るようにもなってきた。また弟の修学旅行の話題と関わって「修学旅行に行けなかった。もう１年になるのかと思う。そのときは１日の時間が過ぎるのが遅く感じていた。過ぎてみると早かったようにも感じる」（第31回）と事件当時の心境にも触れている。さらに「Ｆ市の友だちに連絡を取った」（第29回）と積極的に関わりを求めての行動も起こしている。

　第30回でＦ市での中学生活に触れた機会にThはＳが受けたいじめへの直面化を図ろうとするが，それにはまったく反応しなかった。そして次回の面接では初めて予定の変更を申し出て，１週間延期している。

　第31回において担当替えについて告げ，第32回に新しい担当者に引き合わせることとする。Ｓはやむを得ないとの受けとめ方であるが，「初めての人だと緊張するので，しばらく話せないかも知れない」「自分のつまらない話しを怒らずに聞いてくれるだろうか」（以上，第31回）と不安を語っている。そして新たな担当者に対し「（Ｔｈとの面接で）保護観察について，怖いなと思っていた気持ちが和らいだ。今までのように話すことができるか不安」と語り，最近よく見る「なにかフワァーンと空中を飛んでいたら，急にストンと落ちる」夢（32回）を報告している。

第５期　担当替えから終結まで　Ｘ＋１年１月～Ｘ＋２年９月
　　　　（第33回～第60回・終結）

　担当の変更があって以降の数回は約束の時間の30分以上も前に来所して待合室で待っていたり，仕事中に大けがをし，ようやく快復すると今度は身体を悪くするということが続く。その後も新しい担当者の名前を思い出せずにＴｈを呼び出したり（第39回），間違えて１日早く来所した（第40回）うえ，第43回頃からは遅刻が多くなり，再び「話すことがなくて，面接がしんどい」（第44・45回）と語るようになる。面接の予定の延期を求めることも頻繁になり，しだいに定期的な面接が困難になっていく。こう

した中で，担当者の転勤を契機に保護観察を終結させた。

　しかし現実の生活は堅実に続けられており，話題の中心は従来通り，日常の生活や職場に関わるものが中心である。その内容は相対的に父親への批判が少なくなって，「仕事が面白くなってきた」（第33回）「フォークリフトなどの資格を2つも取れて嬉しい」（第37回）「仕事が思うようにどんどんできる」（第41回）「一人前になったといわれる」（第50回）などと職場で認められつつあることや，「歩合給ならもっと収入が増える」（第37回）「会社は（一人前になったことを）認めてくれない」（第51回）などとS自身の待遇に関する不満が多くなっている。

　また「無駄遣いが多くお金が貯まらない」（第41回）「友だちを遊びに誘う。外に出ること自体考えられなかったのに，変わった」（第48回）と自らの生活を顧るようにもなる。さらに「単調な毎日」（第47回）「少年院を出たときにはしたいこともなかった」（第49回）「その時々には不満はないが，変化のない生活を振り返ると虚しくなってきた」（第53回）「仕事だけなのは淋しい気がする」「何もしたいとは思わないが，それが嫌になる」「このままで良いのかと思うが，考えないようにしている」（第57回）「友だちが辞めてしまった。励ましながらがんばるのも虚しく感じる」（第60回）と抑うつ的な感情を交えて語られるようになる。

　第59回でマンションの表札がようやく「S」に変わっていることが確認される。そして保護観察については「受け容れてくれると解ったら，楽になった」（第58回）が面接では「よそ行きの言葉を使って」おり「絶対に（他人には）聞かれたくないことを話しているときもある」（第59回）「作り話をしては保護観察を受ける意味がない」（第46回）との認識であり，3年間を振り返って「面接は，自分にとって言えないことを言う訓練なんだと考えていた」「言ってみれば楽にもなるし，考え込むよりいい」「まずは話してみることで何か変わるのではないかと思う」（第60回・最終回）と語っている。

IV 考察

面接過程の検討

本事例でThは第1期から第4期までのおおよそ2年間を担当し、Sと32回の面接を実施している。第1期では問題点が明確になり、第2期では治療関係が築かれ、第3期以降で治療的な関わりの展開が見られている。

第1期について

回数は少なかったもののS自身との面接や、Sを取り巻く重要な人々との面接を行うことで、ThはSについての重要な情報を得、理解を深めることができた。

明らかになった生活歴によると、Sら兄弟は母親から見捨てられたために、依存的で「子どものような」父親に委ねられる。当然ながら父親から温かく、適切に養育されることはなく、母親の居酒屋の前に置き去りにされたりもしている。Sはこのような環境のなかで弟や妹の世話を懸命にすることで「兄弟の中で一番優しい子」として母親の愛と承認とを勝ち得ようとし、また父親にも気に入られようとしている。

Sがこのような役割を取ることで両親や兄弟の間で心的な安定を勝ち取ろうとする限り、何よりも親兄弟の意向を察し優先させなければならず、常に自分の感情や主体性を抑圧せざるを得なくなる。ここでSの抑圧せざるを得なかった感情とはおそらく強い愛情飢餓感であり、それが満たされないことに起因する激烈な寄る辺なさであったであろう。しかもこのような環境の中では自尊感情が適切に育つことはなく、劣等感を強めより従属的にならざるを得なくなる。

一方でSが両親から期待する愛情が受けられないことや、不適切な養育に対して感じる怒りや敵意も、親の愛を失うことへの恐れと親から受けるであろう報復の恐怖から、決して親に向けられることはなく抑圧されてし

まう。

　このようにして抑圧された愛情飢餓感や敵意などの感情は，それが強ければ強いほど意識化されれば激しい不安を呼び起こすことになるため，抑圧は完璧であることが求められる。もし何らかの理由でこの抑圧に亀裂を生じれば，激烈な敵意や愛情飢餓感を噴出させることになり，Sとしては何らかの形で行動化することによって放出せざるを得なくなるであろう。従ってこうしたSの在り様はさらには周囲の人間関係に一般化されて，誰に対しても従属的に振る舞い，あらゆる感情を抑圧するとともに，自らの在り様を脅かす恐れのあるものすべてに対して極めて防衛的にならざるを得なくなる。

　具体的には「少年院では規則通りにしておけばいいから楽」と感じ，同時にそうした強い規制の中でさえ「規則違反に巻き込まれる」不安を感じざるを得ないところからも，対人関係におけるSの主体性の欠如や従属的なありようを伺い知ることができる。

　またSの生の感情を感じさせない語り口にも強く感情が抑圧されていることが感じられる。少年院在院中の少年に対する面接が感情の動きに乏しい平板なものになりやすいことは，収容によって超自我が強化され，加えて面接者に対する不安や恐怖などの強い転移抵抗が働く中では，ときに見られる傾向であるにしても，Sについては先に述べた強い抑圧の働きを感じざるを得ない。とりわけ事件について「何か訳の分からないうちに起こった感じ」（第1回）と語る際の淡々とした深みの感じられない口調は，凄惨な事件を想起し，直面することへの強い抵抗を意味するだけでなく，後に「自分もいじめられていた。ひとつ間違うと殺されていたかも知れない」が「いつかは必ず復讐してやろうと思っていた」（第20回）と語っていることを考え併せると，事件における凄惨な暴力は吹き出した無意識の激しい敵意に圧倒され，翻弄されての行動化の結果であった可能性を示唆している。

　この時期におけるSの唯一の自己主張は『被害者宅が近い今の家に帰る

のは嫌だ』という訴えであった。「一日でも早く少年院から出たい」Sにとっても『今の家に帰る』ことが如何に不安なものであるかをうかがい知ることができる。しかしこれまでと同様に，この訴えは父親に完全に否定されてしまう。すると「自己主張できるようになった」などの自分の成長や「周囲に迷惑をかけたくない」との気遣いを語り，超自我を強化することで今の家に帰ることの不安や理解してくれない父親への不満を，抑え込んでしまう。

Sは，この事件後，改めて両親の間でどのような立場に立つかという微妙な問題について苦悩せざるを得なくなる。結局自らの意志で，父親の意向に反しても母親と連絡を取り合っていくことを決心している。Sにとって母親が非常に重要な存在であること，また父親の意向に背く方が母親を失望させるより，まだしも受け容れやすいことを示している。

この少年院収容中の時期に多少なりとも受容的な面接の機会が持てたことは，SのThに対する転移抵抗を弛め，仮退院後の面接に対する不安を取り除くことに幾分かの効果があったと思われる。このことは処遇の枠組みを提案したときにスムーズに受け容れられたことや，後に「少年院で会ったときから（Thは）細かい注意はしないと感じていた」（第14回）とS自身が語っている言葉からも伺い知ることができる。

第2期について

非行少年に対する心理療法を実施する場合には，治療動機に欠けるとともに構造転移による抵抗が強く治療同盟が結びにくいことや，行動化が激しく治療関係の維持が難しいことなどの相矛盾する課題を解決することが必要となる。しかしSの場合には激しい行動化によって治療関係が破壊される可能性は少ないとの判断から，Thは第1期の成果を踏まえて，第2期ではさらに強い治療同盟を確立することに力を注いでいる。

Sの語る面接への抵抗は当初はThや保護観察に対する恐怖や不安に彩られたものであったが，しだいに「何を話したらよいかわからない」（第

5回)「何も心に浮かばない」(第8回)とSが抑圧せざるを得ないものを意識化し，言語化することへの抵抗へと移っていく。これらのSの防衛はThに十分に受容されることでしだいに弱まっていく。このことはSの現実認識にも反映して，被害感に彩られて感じられていた周囲の人々の自分への態度も適切に受けとめることができ，さらには自分を肯定的に受容できるようになる。

第3期について

　Sの防衛が僅かながらに緩んだことで，ようやく過去の体験を想起したり，事件についての思いを語ったりすることができるようになる。

　第13回では，両親の離婚前にも幼稚園に父親が迎えに来ずに放置された出来事が回想され，続いて大変な家庭の状況（アパートの火事）の中でSが暗澹たる気持ちで（真っ暗な穴に閉じこめられてしまって）いたことが語られる。しかしこの幼少期の苦痛に満ちた体験は決して感情を込めて語られることも，また繰り返し語られることもなく，再び抑圧されてしまう。この後にはその代わりとでも言うかのように，堰が切れたように現在の父親に対するあらゆる面からの批判が続き，その一方で母親像の理想化が進んでいく。

　この時点でのSは，幼少期の苦痛に満ちた出来事を回想することはできないまでも，現実の父親に対する批判的な感情はさほど罪悪感をもつことなしに表出できるようになっている。また母親像のいっそうの理想化は父親を批判することからくる不安の補償という側面とともに，防衛が緩むことで母親に対する批判的な感情が湧き起こり母親像が脅かされつつあることを示すものかもしれない。

　また，事件にまつわるSの思いが，幾度かにわたって語られている。「父や兄弟がいると，いじめのニュースを見ていることができない。自殺と殺人ではどう違うのか」「自分もいじめられていた。ひとつ間違うと殺されていたかも知れない」（第20回）などの言葉からは，Sが自分の起こ

した事件を受けとめきれないでいる苦悩や，事件の意味を理解することで苦悩を克服しようとする気持ちがにじみ出ている。事件に関わっての暗い思いや不安をThに語ることで，解決はできないまでも行動化などによる破綻を招くことなく心の中に保ち続けることが可能になる。そこでようやく現実社会での適応の過程も順調に進み，年齢相応の積極的な生き方を模索することができるようになっている。

第4期について

　F市を中心とする中学時代の生活を回想するようになる。Thの理解では，Sにとっての中学生生活は決して楽しいものではなかったはずである。それにもかかわらず，この時期に語られねばならない意味が理解できなかったために，当時Sが受けていたであろういじめに直面させようとして激しい抵抗にぶつかってしまう。もちろん直面化が早すぎたことも原因ではあろう。しかしThにはさして重要だとは意識されていなかったが，Sの回想はMという繁華街の中で生き生きと遊び，友だちの間で認められていたことを内容とするものであった。とすればこの時点にあっては，「同年齢の人と遊びたい」（第27回）と語ったような積極的な人間関係を新たに結ぶためには，過去の人間関係がたとえ貧困なものではあったとしても，そのなかでも比較的安定して同年齢集団に受け容れられていた体験を語り，Thに受け容れられることで自らの価値を確認することがSにとって必要であったものと思われる。

　また母に対する両価的な感情を語っていることにも新たな展開の萌芽が感じられる。

　そして担当替えである。第32回の夢で象徴的に「急にストンと落ちる」思いがけない出来事であったことが示されている。このことはその後の展開からも明らかなように，新たな担当者との治療関係を非常に困難なものにしている。

第5期について

　Sは突然雲の上から落とされたかのように深く傷つき，防衛的になり，来談に非常に強い抵抗を示し続けている。また父親についての批判的な言辞は語りにくくなっている。しかし現実の生活にどのような影響が見られたかは明らかではなく，むしろ堅実で，ますます好もしいものになっていくかのようである。ただ，その後しばしば「単調な毎日」（第47回）に「虚しくなってきた」（第53回）が「何もしたいとは思わない」（第57回）と抑うつ的な感情が語られるようになる。おそらくこれはSの基本的な不安に関わるものであろうが，十分に解決できないままに外的な理由で面接は中断に至る。

　保護観察や面接については，それまでにも折に触れて「保護観察を受ける意味」（第46回）のある話しをしなければならず，「絶対に（他人には）聞かれたくないこと」（第59回）であると語っており，最終回では「自分にとって言えないこと」であるが「言ってみれば楽にもなる」ことであるとSなりのまとめをしている。しかし「話してみることで何か変わる」と認識しながらも，あくまで内面の問題とは関わりのない「言えないことを言う訓練」であると防衛的であり，抑うつ的な感情の背景にある問題に取り組むまでに至っていないことを強調している。

治療関係について

　これまで簡単に面接過程について検討を加えてきた。面接が進む中でS自身は現実に適応して生活が安定するだけではなく，仕事にも習熟し社会性を身につけて人間関係を広げていくなど着実に成長していることが示されている。

　しかし本事例を担当していた当時のThにとっては，面接の経過は決して満足のできるものでなかった。Sの転移抵抗は穏やかな形で全期間にわたって続いており，自由な感情表現はほとんど為されることはなく，陰性感情もThに対するもの以外は現実の生活場面でのものや若干の父親に対

する遠慮がちなもの以外には発展することも深まることもないと感じていたThにとって、Ｓの内面の作業が十分に進まない中での現実生活の改善は超自我の強化によってもたらされた転移治癒にすぎず、本来目指しているものでないとの認識であった。第３期以降のThはこうした理解から焦りを感じ、打開の方策に悩んでいたと思われる。それが第30回面接での早すぎた直面化につながっている。

　改めて本事例を検討している今、Thの逆転移がこのような非現実的な事例の認識をさせていたことが理解できる。Thの姿勢としてはありのままのＳを受け容れていこうとしていたにもかかわらず、知的には理解していたはずのＳの防衛的で従属的にならざるを得ない在り様を受け容れることができていなかったといえよう。そのためにＳに対し過剰な期待を抱き、Thの理解する治療の過程を歩ませようとし、そして思い通りにならないＳに対しておそらく無意識では怒りを感じていたと思われる。担当替えの表面的な理由はともかく、実際にはThがＳを見捨てており、思い通りに期待に添わないことへの報復を図ったものであろう。また担当替えをするに当たっても、Thは通常はもっと十分な時間をかけているが、Ｓの場合には突然有無を言わせない形で行っていることも不自然である。

　このように激しい逆転移を起こした原因としてThに思い当たることはいくつかある。当時Thが共犯のＴの担当者のスーパーバイザー的な立場であったために、早く成果を示さねばならないと感じていたこともあろう。しかしその根本にはThがＳとの関係に、Thの父親との関係を重ね合わせたことにあると思われる。

　しかしThにこのような問題があったにもかかわらずＳが着実な成長を遂げていることは、Ｓ自身の基本的な部分での健康さとともに、Thの面接において不十分ながらも受容されることで幾分かの問題を解決できたからでもあろう。とは言うもののＳの抑圧された敵意などの感情を解決し、真に主体的なありようを身につけるまでには、まだ相当長期間の関わりが必要であったであろう。

コメント5　凶悪・粗暴な非行に対する保護観察の事例

生島　浩

　筆者は，評者の同僚であり，全国50カ所にある保護観察所の保護観察官として，非行少年に通常の社会生活を営ませながら，少年院仮退院時に誓約した遵守事項を守るよう指導するとともに，必要な心理・社会的援助を行うことによって，その社会復帰を図ることを職務としている。保護観察官の絶対数が不足していることもあって，民間の篤志家である保護司と協働して担当することが通常であるが，本事例が，社会の耳目を集めた中学生による凶悪な非行であったからか，保護観察官の直接担当となったのであろう。さらに，保護観察臨床では，様々な心理療法の手法に加えて，ケースワークなど多くのアプローチが混在しているなかで，筆者は，「精神力動的な人間理解に基づく来談者中心的な個人心理療法の立場」を明言している。ここでは，心理的援助を重視する立場は筆者と同様であるが，システム論に拠って立ち，家族援助も重視する評者の観点からコメントしたい。

　筆者の非行理解は，少年の不幸な成育史から生じたであろう「抑圧された愛情飢餓感や敵意の噴出」であり，その治療目標は，「事件に関わっての暗い思いや不安を治療者に語ることで，解決はできないまでも行動化などによる破綻を招くことなく心の中に保ち続けることが可能となる」というものである。しかし，実際の治療経過では，「自由な感情表現はほとんどなされることなく，陰性感情も深まることもない」と感じていた筆者は，「現実生活の改善は超自我の強化による転移治癒にすぎず，本来目指していたものではない」と述べている。筆者の〈本来目指していた治癒の過程〉というものは，いったい何なのであろうか？　少年は，「話してみることで何か変わる」と最終回の面接で表明するものの，筆者は，「抑うつ的な感情の背景にある問題に取り組むまでに至っていない」と評価してい

ない。また，筆者は，少年が受けたいじめへの直面化を図るが，それには少年の方がまったく応じていない。治療者の目指すものが，評者にも十分理解できていないが，「何を話したらよいか分からない」少年の不安は，至極もっともなところである。

　しかし，毎月，保護観察所での面接2回と家庭訪問を1回という約束は，ほぼ完璧に守られていたという。少年院入院中における面接によるラポールの形成や出院時の誓約書に面接の約束が組み込まれてはいるものの，評者の経験では，それを守る少年は決して多くはない。少年は，どのような意味を感じて筆者の面接を受け続けたのであろうか。次の担当者が，「これまでの面接のどこが役に立って，これからどうしたいのか」確認すべきであったが，治療者と対象少年とが，治療の目標とそれに到達するための手法について，あらかじめ共通理解を得るような十分な話し合いが不可欠であったと考える。

　少年は，本事件において従犯であるが，処遇過程においても〈付き従っている〉という印象を強く受ける。中学生が同級生をいじめにより死に至らしめた凶悪な非行は，両親との不幸な関係や学校でのいじめられ体験に由来する抑圧された敵意の噴出であるというのが，治療者の見立てたストーリーである。だが，少年自身は，このストーリーを治療者と共有することなく，父親と同じ職場で働き，たんたんと社会適応を図っているようにみえる。来談者中心のアプローチの原点に従えば，治療者のストーリー（治療仮説）を押しつけるのではなく，クライエント自身の立ち直りに寄与するストーリー作りに介添えしながら，その展開が可能となる条件整備を図ることこそが，治療者の役割に他ならない。

　治療経過から家庭訪問時の状況が意図的に除外されており，父親への働きかけの内容が不明であることは残念である。同居している父親はもとより，少年院において少年は，「お母さんと連絡を取ってやっていくつもりだが，お父さんが嫌がるのではないかと気になる」と筆者に述べている。出院後の面接経過においても，「堰が切れたように現在の父親に対するあ

らゆる面からの批判が続き，その一方で母親像の理想化が進んでいく」と筆者が指摘しているが，少年の内的イメージが語られるのみで，現実の父親と母親を巻き込んでの関係調整に至っていないのは，筆者の拠って立つ立場によるからであろう。しかしながら，前述のように，筆者の非行理解が，両親の養育状況から生じた「抑圧された愛情飢餓感や敵意の噴出」であるならば，家族合同面接といったダイレクトな介入が，法的に期間が限定された非行臨床の治療構造からも経済合理的なのではないだろうか。

また，少年は，少年院からの出院後も本件時と同じ住居に帰住している。「今の家に帰るのは嫌だ。被害者宅が近いし，事件を知ってる人には会いづらい」と少年が述べる一方で，父親は，「こんなことをしてしまった者としては，辛い思いをして耐えていくべきではないか」と転居せずにいくとの方針を変えていない。本事例が，「被害者の人権」が大きく叫ばれている現在であれば，処遇者の対応も変わってきたであろう。少年院では贖罪教育が施され，保護観察においても，示談とは別に，被害者（遺族）への慰謝・慰霊の措置を行うよう強力に働きかけなければ社会復帰は困難である。父親が主導し，本人を引き連れて慰霊の措置を執らせるような指導が，父親に社会的責務を果たさせ，さらに父子関係の調整，本人の社会性の伸長といった側面からも必要であろう。

ともあれ，雇い主の尽力もあって中卒では容易ではない定職に就き，フォークリフトなどの資格も取得するなど，少年の社会適応は格段に改善して保護観察は終結している。一方，主犯格の少年は，少年院での成績が悪く，仮退院後も重傷を負わせる再非行をたびたび起こし少年院に再入院となっており，その対比が著しい。この主犯少年との交流が途絶したことの影響が大きいと思われ，筆者の言及はないが，そのための調整・介入が行われたのであろう。何より，非行臨床の第一義的な目的である再非行は抑止され，その意味では，1年2カ月の少年院における矯正教育と2年9月に及ぶ保護観察の処遇効果が認められるのである。

かつて評者は，「年少非行の臨床とは何か，と問われれば，誤解を受け

るかもしれないが，〈時間稼ぎ〉と答えるのが最も要領を得ていると思う。本人も，友人たちも加齢に伴う成長，いわゆる〈最近落ちついてきたね〉という状態に持ち込むこと，それがすべてである」[1] と強調したことがある。最近の凶悪・粗暴な非行に対しても，その手法は有用であり，筆者の侵襲的でない，少年に寄り添うような支持的アプローチが奏功したことを示す事例報告である。

引用文献
1）生島浩（1993）非行少年への対応と援助　p.200　金剛出版.

コメント5を読んで

田中　研三

　評者にとっては治療技法上の相違ということもあって，拙稿は非常にコメントしにくいものではなかっただろうか。それにもかかわらず多くの面で示唆を受けるものであった。その幾点かについて事例を補足したり，筆者の思いを語ることでリコメントに代えたい。

　第1には「筆者の〈本来目指していた治癒の過程〉はいったい何なのであろうか」との指摘である。筆者は非行少年との治療関係について，「少年たちは保護観察のような恐怖と不安に満ちた場においては，その恐怖と不安を克服することによって，ようやく自分自身の外傷的な体験を言語化できるようになるのである」[1]と考えている。この立場は，本事例の経過や考察の中で一貫していたつもりである。しかしそれをほとんど感じさせないくらいに，治療の過程への筆者の評価は否定的な印象を与えるものなのだろう。たしかに，この事例の処遇者である筆者自身に対する考察での評価は厳しいし，今も同様の思いでいる。またこの考察についても，筆者としてはこれ以上書き進めることに耐えられずに，本事例と同様に投げ出し中断してしまっているというのが正直なところである。

　さらに，少年は「処遇過程においても〈付き従っている〉という印象を強く受ける」との指摘も実に当を得ている。少年がこれまで身につけてきた対人関係での経験を総動員して何とか受け容れられようとする努力を処遇者はまったく受けとめないばかりか，そうした従属的な態度こそがが駄目なのだと迫っている。「何を話したらよいかわからない」という言葉に象徴される少年の不安や戸惑いは如何ばかりのものであっただろうか。

　第2には「家庭訪問時の状況が意図的に除外されて」いるのではないかとの指摘である。これには最初，非常に意外に感じた。筆者は第2期の経

過の中で「処遇の枠組みとして当初の面接についての提案はほぼ完璧に守られた」旨記している。ところが改めて記録を調べて見ると，少年宅での面接は開始後半年程の間に5回行われているのみである。そのうち少年と父親の合同面接が実施できたのは2回のみであり，それ以外は父親が不在で少年とのみ面接している。その後，父親が仕事を理由として少年宅の面接をキャンセルしたことを契機に，少年の希望もあって保護観察所での面接に置き換えられている。

　筆者はこの事実を「意図的に除外した」のではなく，ほとんど意識していなかった。さらに言えば重要なことと感じていなかったのである。そもそも少年宅での面接を提案したのは，評者の言うところの「父親への働きかけ」を積極的に意図していたわけではなく，面接のために仕事を休まねばならないという負担感からくる抵抗を多少とも緩めたいとの思いが最初にあった。また上部機関からはすべての事例について毎月一度はその住居を訪問するべきであるとの基準が示されており，それに従おうとしたものでもあった。

　ところで根深い問題を抱えた家族について，筆者は条件が許せば通常母親など少年にとって重要な家族の幾人かと最低月2回程度の併行面接を行うようにしている。その場合に処遇者の立場は極めて微妙かつ複雑なものとなり，少年のみの面接を行っている場合に比べて困難さは倍加することを経験している。これは筆者の拠って立つ技法からくる固有なものであるかもしれず一般化できないことかもしれないが，「法的に期間が限定された非行臨床の治療構造」であっても，否「期間が限定され」ているからこそ必要な修復的な過程を保証できない場合もあるので，「家族合同面接といったダイレクトな介入」はたとえ「経済合理的」なものであるとしても慎重に行われるべきであると考えている。

　いずれにせよ筆者は，第1期での少年の両親との面接のなかでそのいずれとも継続的な併行面接は行わないとの判断を下しており，少年宅での面接が中断したことも特に重要な問題とは受けとめていない。本事例は少年

との面接を中心にまとめているが，実際にそれ以外にはほとんど何もしていなかったことに改めて思い至ったしだいである。

引用文献
1）田中研三（1995／2）「保護観察における心理臨床面接」 犯罪と非行 No.103.

6

いじめ問題の解決に向けて
——中学生に対するグループアプローチ——

岡本　淳子

Ⅰ　はじめに

　いじめは学校の人間関係の延長に起こることが多く，事件になるとその対策が叫ばれるが，実際には子どもたちの一見平穏に見える日常の生活の中で深く進行している。かつていじめを経験したことが子どもの心に深い傷を残し，その後社会での不適応な状態につながることも多く見られ，いじめ問題は子どもたちの集団において常に課題であるといっても過言ではない。

　いじめは，かつては，いじめにかかわる個々の子どもの問題としてとらえる傾向が強かった。筆者は公立教育相談機関にあって数年来学校における子どもたちの「いじめ」を研究してきたが，その中でいじめは子どもたちの集団を場として人間関係の齟齬の中に生じる問題であり，かかわる子どもたちの心理が深く関与していながらそれが十分表現されていない様子が見られた（都研1995他）。特に，この傾向は自我意識が高まり仲間関係にも葛藤が多く見られる中学生段階で顕著であった。そこで，いじめ行為を制止する指導に加えて，生徒たちのなるべく日常に近い仲間関係の中で自己表現を促進することを通して，いじめ問題のより基本的な解決への方

途が探れないかと考えた。心理臨床を専門とする3名の研究担当者が学校へ出向いて生徒とのグループ・ディスカッションを継続的に行った実践の中から，筆者の担当したグループの経過の概要を報告し，集団内での自己表現の促進がいじめ解決に果たす役割について考察する。

Ⅱ　グループ・ディスカッション

1．グループ・ディスカッションの方法

　対象はある中学校1年生の1学級であり，生徒全員を3グループに分けてほぼ1カ月に1回の割合で年間9回のグループ・ディスカッションを行った。1グループは生徒が約10名になり，そこに研究担当者が各1名入り，生徒も研究担当者もメンバーを固定して継続した。グループは基本的には名簿順により分けたが，学級担任の意見等も入れてメンバーの偏りを防ぐよう多少の調整を行った。学級の生徒全員を対象としたのは，いじめが子どもたちの集団を「場」として広がりを見せることを踏まえて集団全体を視野に入れることや，学級全体としての歩調を乱さないことへの配慮を重視した理由からである。グループ開始前後に，いじめおよび自己表現についての簡単な意識調査と個別面接調査も行い，生徒の概要を把握した。また，グループ継続中に学級担任とも適宜協議し，学級における生徒たちの状況を把握しながら進めた。

　実施時間は1セッション50分間で，放課後それぞれのグループが別室に分かれて行った。なお，最終の2回のセッションは授業時間内に教室で3グループが同室し，学級担任も同席して行った。それ以前のセッションには，担任自身の意向でどのグループにもほとんど関与しなかった。

2．学級の様子とグループの概要

　事前調査によるといじめがあるとした生徒は約2割強であった。本報告を行う筆者の担当したグループは12名（男女は 3:2）で，中に喧嘩早く暴

力を振るう加害生徒として多数から名が挙がったＡ男がいた。Ａ男の周辺ではいつもトラブルが起こっていたが，特に，力が強く互いに排斥し合う生徒とは暴力的な関係になりやすかった。事前調査で「Ａ男にいじめられる」と述べたおとなしい生徒は他のグループにいた。Ａ男には加害の自覚はなく，多くから排斥されていた。Ａ男の自己表現は乏しく，あいまいな表現が多かった。その他の生徒たちは，事前調査でいじめは「ない」と回答している。

　グループ・ディスカッションについて生徒たちには，各々が自分を表現して友達同士が互いに理解しあう「話し合い」であると伝えて開始した。

3．グループのディスカッションの経過

　1）#1〈遊びに溶け込んでいるいじめと，自己顕示を示す加害生徒〉
　6月，グループを開始してみると，いじめの存在を否定していたはずの多くの生徒たちの間に，遊びともいじめともつかない多数のやりとりが交わされているのを目にした。円陣になって男女交互に座るよう筆者（以下，Ｔと略す）が指示すると，それを嫌がり騒然となった。Ｔが再度指示して譲らず待つと，生徒たちの中から声が上がり学級委員の女子生徒が仕切った。

　隣同士が自己紹介し合い，それを皆に他己紹介するゲームをした。ペアーになる生徒をめぐってくすくす笑い合ったり，ほっと胸をなでおろしたりしている。仲間同士で発言に対して咳払いや揶揄したりするなど，すきがあるとすぐいじめやからかいの対象になるのかと感じられた。自己紹介でＡ男は，「本を数万冊，3秒で読める。スキーは得意で80度の坂を直滑降で降りる」と紹介する。それを聞いた皆は笑い，「ばかばかしい！」と斜に構えたＢ男が言う。しかし，おもしろいと言う女子もいて，Ｔは一つの表現にもいろいろな感じ方があることを言葉にした。

　楽しみながらも自分の思いを相手に十分伝えられず，「もっといっぱいあるのになあ」と，残念がる発言も聞こえた。小学校時代いじめられて嫌

な思いをしてきたC男は模範的な態度で，嫌われがちな友人を受けとめていた。彼は沈黙がちだったのにもかかわらず，「仲間のことが分かり楽しかった」と述べ，Tは「生徒の内面は外側からは分かりにくい」ことを実感し，「こういう生徒の発言をどのように引き出して行くかが課題だ」と感じていた。

2）＃2〈課題への直面を回避した後，加害生徒への潜在していた攻撃感情が表出する〉

学級内では，毎日遊び感覚のいじめが頻発していた。ある日，加害生徒のはずだったA男が突然「いじめられた！」と訴えて欠席した。前日，A男不在の折り，教室で男子数名にA男の机が蹴倒されたとのことであり，教師による指導がすでに行われていた。Tは，その事実をごく簡単に聞いてグループに入った。

A男はまだ欠席していた。

1学期を終わるにあたり，友達関係で感じていることを話し合おうと投げかけるが，沈黙が流れくすくすと笑いが起こり，咳き込んだり，トイレに立ったりする生徒が出て，それをまた他の生徒が喜ぶ。女子が発言すると，「コウェー（怖い）」と男子たちがちゃかす。当たり障りない「平穏な日々」「いいクラス」などの発言が続くが，また沈黙になり静まり返る。Tは，一人一人の発言をゆっくり引き出して，また他の生徒たちにつなげる。しらけている場面をつなぐのに苦労しているTに，「結果的に，これは何の話し合いをしているのか」とB男が冷ややかに聞く。

そのうち，ある生徒から「喧嘩が続出するから，『少しだけ』いいクラス」という発言が出た。『少しだけ』の条件がつくのはA男の行為によることが語られる。不在のA男を話題にすることに2〜3名の生徒が強く抵抗を示す。Tは，「A男の悪口を言うのではなく，A男とクラスの中で楽しくやっていくためにも，皆の思いを出し合ってどう折り合っていけるのか考えたい」と話し合いの意図を伝えていく。すると生徒たちは，重い口

を開きＡ男が自分から喧嘩を売ってきて殴られることや，人の物を盗ってわざと相手を怒らせるなどと語り出す。いったん語りはじめると，日頃Ａ男に感じていた批判や文句が続出する。話しあうことに抵抗していたＢ男も「Ａ男は嘘つきマン」と思わず発言し，無口で模範的なＣ男は「自分が悪いのに相手にやられたみたいなことを言ってきて，自分がいじめられてるみたいに考えるってすごい嫌な感じ」と穏やかな表情の中に強い批判を表現した。しらけていた話し合いの雰囲気もどこかへ飛び，長く続いてきたＡ男の暴力や勝手な行動に「皆が限界にきていた」と，語る生徒も出る。Ａ男に対する不快な感情がどの生徒からも攻撃的に表現され，Ａ男はそれを「いじめられた」と感じているのではないかとＴは感じた。その意味で，そこに出席している生徒たちはＡ男にとっては加害生徒として存在し，集団内でのいじめは加害，被害の立場が生徒たちが認識しているのとは逆の構造の意味も併せ持っていると感じられた。

　Ｔはメンバーの怒りを受けとめた上で，次に「Ａ男の立場に立って，Ａ男がどんな気持ちでいるか考えてみよう」と持ちかけ，発言を促す。すると「Ａ男は，やけくそ」「ストレスがたまっている」などと，Ａ男の心情に共感的な言葉が次々出てきた。正義感が強い男子生徒は，皆が真剣に話し合っているかたわらで奇声を発したり落ちつかずがたがたしていた生徒に向かって，「我慢しろよ！　さっきからぐちぐちぐちぐちまったくよう！」と一喝して鎮めた。それはＡ男が唯一親しみを抱いていた生徒だった。そこへ一人の女子が，Ａ男はいじめられたというが本当はただ病気で休んでいるだけなのではないかと水を差した。彼はその発言にも腹を立て，Ａ男の机がどんなにひどくひっくり返されていたかを語る。彼自身，学級でＡ男に殴られて泣いたこともあり，当初はＡ男に対して強い怒りを示していた。しかし，机がひっくり返されたことの顚末を皆に説明しているうちに，規則違反で皆の前で罰を受けることが分かっていた日でさえ休まなかったＡ男が何日も欠席しているのは，この事件がＡ男にとってどんなに屈辱的に感じられるものだったかと語ることになり，それに生徒たちの多くが同

調した。彼は，Ａ男の心情を「死ぬほど分かる。Ａ男は気にかけてほしいんだよ，俺たちに！」と興奮気味に訴える。真剣な訴えに生徒たちは，一瞬水を打ったように沈黙し，続いて机をひっくり返した生徒たちは「喧嘩ではＡ男にかなわないから不在の間にやった」ので，それは「卑怯」で「ムカつく」行為だと語り合う。「思うことがあるんだったら，正々堂々と言えばいい」と言う生徒も出た。Ａ男の立場にたって心情を感じたとき，周囲の生徒たちにとって初めて，「被害生徒としてのＡ男」の心情が理解できたと感じられた。

　Ａ男への対応をめぐり，「Ａ男に言っていこう」と言う生徒と，一方では言っても聞かないから「無視するしかない」という声も聞かれ，それに対して「無視はいじめだ！」と言い合いが起こった。簡単に結論がまとまる状況ではなかったが，Ａ男の心情が理解されたことにより，「自分たちのとっている態度がいじめになるのだ」ということに生徒たちの意識が及んできた。Ｔは，「話し合ったことを心にとめてすごしてほしい」，「皆の思いをＡ男にも届けよう」と言う。すると，無視はいじめだと気づいた生徒が「はいっ，分かった」と答えた。理屈っぽいＢ男は，話し合いが加害生徒のＡ男に過度に「同情的な運び」になっていると批判的な感想を述べた。

3）＃3〈加害生徒が自分の問題に直面するのを，周囲が共感的に受けとめ励ます〉

　夏休みがあけて直後，不登校傾向生徒が登校するのが面倒くさいと内面を吐露した。その生徒が自分より遅刻が多いので，Ａ男は優位に感じて自分は「部活にも出席した」と軽く語るが，顧問が不在だったのに部活はあるはずはないと仲間がＡ男の嘘を見破る。次に，生徒たちが学校で起こっているいろいろな問題を話し合っていると，Ａ男は「それは僕のこと」と自分から名乗り出て自分の問題について語りだした。「自分が話しかけて友達はちゃんと応えてくれているのに，その時には自分はもう遊んでしまっ

ていてそれを聞いていない」などと，周囲をいらだたせてしまう自分の行動を振り返った。自分の行動が「相手にとってひどい迷惑」で，それが自分で感じられると「僕自身嫌気がさして『あーあ』って感じになってしまう」などと落胆する心理も語られる。学級では教師や友達が詰め寄っても自分の行動を認めず，逃げたりしらを切り通すことが多いＡ男にしてはめずらしいことだった。生徒たちはＡ男の話を相槌を打ちながら聴いていたが，「これからちゃんとやっていけばいいの！」と前述の正義感の強い生徒が救った。生徒たちは，Ａ男に「人に聞いたことを，忘れないように覚えているとよい」「先生に聞いたらよい」などと口々にＡ男の弱い面をカバーする提案をする。それに対してＡ男は「先生は，僕をあてにしていない」とぽつんと語る。しかし，生徒たちの提案には真摯に耳を貸し，受け入れようとした。Ｔとしては，Ａ男が友達からの助言を素直に聴く気持ちを大事にしたかったが無理なことを受け答えしても，結局また反感を買うことになるのが気になり，「気持ちがあっても，誰しも自分を変えるのはとても大変なこと」ではないかと話すと，生徒たちは「忘れそうになったら，手に書いて覚えるといいよ」とか，「運動が得意なのだから体育でがんばれば４がとれるよ」と言う。Ａ男をよく知る仲間だからこそできる励ましだった。

　グループの中でＡ男の問題をずばずば指摘しながらも，Ａ男のよいところをよく知っていて言い表した生徒は，小学校でＡ男と「キャッチャーとピッチャー」の関係だったと親しみを込めて語る。このような信頼関係が基盤にあって，Ａ男が自分に素直に直面することにつながったと考えられた。

　４）＃４～＃６〈絵画作業などを，生徒たちは楽しんで行う〉
　秋から冬にかけて，数人ずつで大きな画用紙に共同で絵を描く作業などを行った。ジャンケンでＡ男らとチームを組むことになった女子生徒が，メンバーを見て「最悪！」と言うがＡ男らは反論しない。Ａ男は何を描く

か迷っていたが,几帳面に自分の受け持った部分を描く。Ａ男は活動の途中で教室の道具の影に隠れたり,担当者に近寄り甘えるような態度を見せてきた。Ｔに課題の意味をいつも問うてくる理屈っぽいＢ男が,この課題では疑問を投げかけるのを忘れて楽しそうに仲間と共同作品を作った。この回を境に,いつも一歩引いて冷やかだったＢ男の態度が変わっていく。集団内に,初期に見られた小さないじめがみられなくなっていた。

5）＃7〈友人関係における葛藤の対処やストレスの発散を話題にする〉
　友達関係で葛藤を感じたときの気持ちや,対処の方法について話し合う。前回以後積極的になったＢ男は,友人関係で葛藤した時の気持ちを「『ウーッ』って思う。それで,どうしようかって考えて,また仲を取り戻すために積極的にしゃべりにいく」とまず語る。生徒たちに自分の葛藤を想起させようとするとき,その「ウーッとなったとき」という感情の表現の仕方が,一番分かりやすい様子で,Ｔは「ウーッとなったとき,どうするか」と投げかけた。初期の頃Ａ男に一番腹を立てていた正義感の強い男子は,「誰もいない所で静かに音楽を聞く。何日かそうしてると火花をちらした友達とも仲良くなる。まず自分が闘争心をなくさないと,どうしても話すときに言葉使いが荒くなってガンガン言ってしまって,そこでまたキレちゃうから」と語り,まともに相手にぶつかると相手を傷つける自分を自覚している様子が語られる。それを聞いて女子生徒は「とてもまねできない,すごい」と感心するが,前述の元ピッチャーの鋭い生徒は,「それじゃあ,ストレスが溜まるだけじゃないの」とすかさず言う。Ａ男は,「そうはいっても○男はやり返してくるよ。○男は怖い」と言い,エネルギッシュな他の生徒についても「△男は殴ってくる,人にも当たるよ」と口をはさむ。Ａ男は人から攻撃が自分に向けられることに敏感で恐れている内面を皆の前で初めて表した。最後に女子生徒の一人が「ストレスの発散の方法は違うけど,発散させようとすることは皆一緒」と締めくくる。様々なストレスの解消方法に生徒たちは関心をもって聴き合い,互いに質問していた。

しかし，当初模範生徒だったC男は，ディスカッションに嫌な顔をして「別に」と多少反抗的な姿を見せ，「嫌な時には嫌な顔をする」ように変化した姿を見せるようになった。

また，友達を殴ったこともある生徒から，家族との関係の中で攻撃性を抑制していることを感じさせる話が出るが，生徒たちが共感的に受けとめられる見通しがTには持てず，気になったが十分表現させずに終えた。

6）#8～9〈書くことを通した自己表現から，いじめへの対処を話し合う〉

2月～3月には，仲間同士の遊びの中にいじめがみられる課題文を読んで，登場人物の気持ちやいじめへの対処の行動を生徒各々が想定してまず書いて，それをもとに話し合いをした。その結果，いじめられて休んでいる友達の家を訪ねて「気持ちを聞いてみよう」という生徒が多かったが特に，B男は「いじめられた生徒の話を聴いて，支えになってあげる」と述べた。斜に構えて，いつもTに発言の意図を問いただしていたB男の姿勢から大きく変容したのに，Tは驚かされた。女子からは「先生に話して，先生と私で学級の皆に話して皆で話し合う」という発言も出た。生徒たちが，「話し合うことにより問題を共有することが，解決への選択肢となる」ことを感じているのが伝わってきた。

いじめられた生徒の気持ちを推測し合うと，相手を殺して自分も死にたいと言う生徒がいたのに対して，A男は「いつか，やり返す。大人になって忘れてから」と発言してメンバーに驚かれる。A男以外の生徒たちからも，仕返しは，「3月のもうすぐクラス替えになるときに」という発言や，「大きくなるのを待って」上から見下ろしてやるという発言が目立ち，いじめに対抗するのには自分がもっと力を蓄わえてから，あるいは，同一環境での関係が切れた後でということが共通しており，子どもたちが「加害者に対して立ち向かうことが現実的にどんなに大変なことなのか」を感じさせた。A男のような自分への攻撃におびえる生徒には，さらにその傾向

が強いと考えられる。生徒たちはA男に向かって,「相手が覚えているうちに,その場で解決しなければ。忘れてからではかえってやられちゃうよ」と口々に勧めたが,A男はニコニコするばかりであった。グループ・ディスカッションを通して,いつもやや引き気味であったA男がこのように仲間の中で発言を交わせた場面は,A男にとっては貴重な機会であったと考えられた。

　登場人物の気持ちになぞらえて,しかも「書く」手法を通しての自己表現には,いじめに対するそれぞれの生徒たちの見方や気持ちが,話し合いの時よりもかなり思い切った言葉で表れていた。直接的に生徒自身の感じ方を聞くよりも,話し合いにも構えないで導入できた。ただし,「読んで,書く」だけで相当な時間を必要とするので,登場人物の気持ちから生徒自身の気持ちの表現につなげていくだけの時間的余地がなくなりやすいと感じられた。

4．グループ終了後の生徒たちの状況

　グループ終了後の調査や個人面接なども含めて,生徒個々やグループ全体の変容を記す。

　（1）A男に関して：学級内では11月以後落ちついてきて,いじめは目立たなくなった。終了後の面接では,教師に「他の生徒が叱られるのを見ていても自分が叱られる気持ちになる」と語る。しかし,グループの中で率直な表現をする友人を「怖い」と言っていたのが,終了後には「親しみを感じる友達」に変化し,自分の気持ちを友達に「話す」ようになり,友達とも「分かり合える」ようになったと変化した。グループの感想を求めると「一人で考えているより皆で考える方が楽しい」「皆が話している間は,自分の出番がくるのを待っていた」と述べ,人と「共感することの楽しさ」を経験したことが感じられた。

　また,他の生徒たちからも,「A男は普段はしつこいと思っていたけど,話してみたら結構楽しい奴だということが分かった」「最近A男のことが

分かってきた。前は努力しないと思っていたけど，この頃はまじめにやっている」という発言が聞かれ，Ａ男の変化を率直に認められる生徒たちの成長に受けとめられてＡ男は落ちついて過ごし，仲間との間に信頼関係ができつつあることが感じられた。

（２）周囲の生徒たちに関して

初期にＡ男を排斥していた正義感の強い生徒は，Ａ男への排斥感を解消した。彼自身，Ａ男から被害を受けていることもあり，内面に被害感も持ち合わせていて，他の生徒の発言につき動かされ，攻撃的感情と共感的感情の双方をはっきりとした言葉で表現していくうち，最終的にはＡ男への共感が残った。

また逆に，初期に模範的態度だったＣ男は，Ａ男の「いじめられた」と言う言葉をきっかけに徐々に反抗的態度を見せるように変わり，最終的にＡ男を気の合わない友人とした。しかし，実際には学級ではＡ男の暴力を止める役割をまだとっていたが，友達の失敗を笑うなどいじめ様の行動もあり，担任に注意を受けることも出てきた。Ｃ男自身も，エスカレートはしないと述べながら，反抗的になっていることを自覚しており，今までに比べて「自由に」振る舞えて「楽しい」と，友達もたくさんできて物事を「前向き」に考えられるようになった自信を語る。抑制的だった生徒が開放されてきており，そこに快感を感じている様子が伝わってきた。Ａ男への排斥もそうした自由な表現の現れと考えられ，一人一人の子どもの発達の紆余曲折の中にいじめが位置づくこともあることが分かった。

生徒たちは，グループはいつもは「苦手だったり仲の良くない人とも話す機会」になり，「面白く」，「分かり合えてよかった」という肯定的な受けとめ方が多かった。中には，「友達が自分と違う意見だったとき，今までは自分だけで考えていたが，他の人がどうしてそう考えるのか，接し方や考え方をみるようになった」と述べ，「他者の自己表現を聴くことで自分自身が変化した」ことを洞察している生徒もいた。

理屈っぽかったＢ男は，グループの途上ではＡ男への同情的な運びに反

発していたが，終了後は「A男の件を話し合ったことは意味があった。今までああいうふうに話し合ったことがなかった。いろんな人の意見が分かるから，いじめた人，いじめられた人も先生も一緒に全員の意見を参加させたらいい。でも，皆かっこうつけるから素直にいかないかもしれない」と言い，話し合いの意味を感じながらもその「難しさ」も同時に感じているようだった。グループで話題に直面するようになった姿勢が，学級内での学習をはじめとする生活全般に反映して向上しているとのことだった。

A男不在での話し合いに強く抵抗し，また，A男に忠告しても無駄だと言い捨てていた女子生徒が，グループ終了後最もA男の変化を認めた。いじめ問題についても，嫌いな人とは話しをしなくなるのでよけい溝が深まりいじめの対象になりやすいが，「こういう話し合いをするといじめが解決すると思う。解決しなくても根気強く話し合った方がよい」と述べる。そして，集団の中で「いじめはくだらないことから始まってエスカレートする」が，いじめているグループの中に誰か「勇気のある人」がいたら，その人が解決の「きっかけを作れる」と思うと述べるが，「同調して付いていく人」がいなかったら本当に一人になって痛い目にあい，次に自分がいじめの対象になるので「すごく怖い。周囲の人しだいだと，いじめ解決の難しさを語った。

Ⅲ 考 察

1．Tは子どもたちのいじめをどう理解したか

（1）遊び感覚のいじめ：グループ開始当初，いじめにかかわる生徒としてはA男の問題だけが大きくとりあげられ，他は周囲で特にいじめにはかかわりのない生徒たちという認識であった。ところがグループを開始してみると，まじめにやっている生徒を冷やかしたり，発言を笑い合いちゃかしたり，その場の受け答えによってはともすればそれぞれの生徒の存在感の危うさにつながる「遊び感覚の小さないじめ」が頻発していた。それ

は明るく楽しい生徒たちの友達関係の営みそのものであり，被害を被っているのは自己表現が活発でない生徒たちに偏りがちなのがみられた。浜田(1995)は，いじめの特徴の中で「笑い」や「群れの共同性」を挙げ，また，小さな行為の積み重ねが与える大きな痛手などを指摘しているが，被害が度重なると生徒はますます自己表現を封じ込められ人権を脅かされることにつながると考えられた。加害の生徒たちにとっては，いじめ行為を共にすることが「集団への帰属」や「仲間との親和的な関係を一時的にしろ維持できる」ことにつながり，集団からこぼれ落ちないために，楽しみながらも自分の存在をかけて行っている行為であると考えられる。

（２）集団内のいじめの重構造：偶発的に起こった事件がきっかけになって，Ａ男をめぐる話し合いから，集団内の人間関係の中で，「同一人物がいじめの加害と被害の双方の意味を持つ二重構造」が浮かび上がった。加害生徒Ａ男の「いじめられた！」という言葉が集団側の生徒の怒りを誘発したが，長く続いていたＡ男の勝手な行動に集団は「限界」にきていて，それが一部の加害生徒によるＡ男への危害となって表れたと考えられ，机倒し事件は「集団からの制裁」としての意味をもっていたと考えられる。

一方，Ａ男にとっては友達へのちょっかいは「親和感情の表れ」だったと考えられるが，その表現が自分より弱いものにはちょっかいをかけ続けて相手が怒ると力で制覇し，力の拮抗している生徒には興奮状態になって力一杯暴力を奮う形になっていた。Ａ男の「仲間に振り向いてほしい」真意は皮肉にもいつも逆効果に働き，生徒たちはより攻撃感情をつのらせ，攻撃におびえるＡ男が，「攻撃されるより先に自分から攻撃する」という悪循環が生じている。Ａ男のいじめはその「悪循環の一コマ」に位置していた。Ａ男の親和感情や，他者から攻撃されることへの恐怖心は，集団側の生徒たちには届いていなかった。制裁的な意味合いをもつ集団からの加害は，強い価値観（浜田1995）をもつだけにＡ男は加害者の立場に立ちながらも，自己評価が低下し被害感を内面でふくらませていたと考えられる。

机倒し事件はＡ男に「被害生徒」としての認識を呼び覚ましたと考えら

れるが，集団側の生徒たちも，自分たちの行為が「加害」になることを話し合いを通して認識した。いじめへの対処が遅れがちになる要因の一つには，当事者も含めて「その行為が『いじめ』と認識しにくい」ことがあるが，A男をめぐるいじめでは重層的な構造をもっていたためによけい，当事者たちにもいじめの認識が持ちにくかったと考えられる。

2．自己表現の促進を図るグループに見るいじめの変容

（1） A男に対する攻撃的感情の表現は，集団内で「煮詰まって」（生島1998）きていた子どもたちの感情を開放し，共に怒り，自分一人でなく仲間たちも同じ気持ちでいたことを共有（丸山1998）できたことで，子どもたちにとって癒しにつながったのではないかと考えられる。いったん表現し始めると，しらけていた雰囲気がなくなりどの生徒も発言していることから考えると，生徒たちが日常いかにその気持ちを抑え込んで生活していたかが推測できる。生徒たちからは本人不在の所で人の悪口を言い合うことへの強い抵抗感や漠然とした一種の不安感ともとれる感情が表現され，実際のところ話し合いは，常に行きつ戻りつを繰り返した。攻撃感情が次々出されるのを見て，このまま終ることへの危機感から，Tは思わず，「A男の気持ちになってみて」と生徒たちに語りかけた。生徒たちの心の切り換えは大人が考えるよりずっとしなやかで，グループがA男への共感的な場に変容し，Tは進めながら内心驚いていた。結果的に，その次の回の冒頭から内面を吐露する生徒が出たり，話し合いへの抵抗が減った事実からは，生徒たちが「単なる悪口を言い合うことに終始しない」話し合いの意味を体で感じ，安心したのではないかと感じられた。その意味で，＃2はグループ・ディスカッションを継続する上での一つの山場だったと考えられた。この回の話し合いの最後に，一人の生徒から「無視はいじめだ」という表現が出ており，グループで人間関係やいじめを考えていく上での展開に大きな影響を与えていたと考えられる。攻撃性や相手への否定的感情の表現をしっかり受けとめることと，一方で，表現し合ったことが人を傷

つける結果にならないよう，大人が見守り，タイミングをとらえて介入し，子どもたちのコミュニケーションの調整をすることも重要と思われた。

（2）生徒たちが攻撃感情を表現し合った次の回に，Ａ男は自ら問題に直面した。Ａ男に率直に物を言う生徒が基本的には温かく，絶妙な掛け合いがあったことや，周囲の生徒たちの共感がそれを支えた。Ａ男自身の一種の無力感や悲哀感を感じさせる言葉に，暴力的な行動とは裏腹に自分自身が非力であることを感じているＡ男の悲哀感のようなものを，生徒たちは心の奥のどこかで共有（浜田，1995）したのではないだろうか。攻撃的感情の表現をいったん受け入れられた生徒たちは，このようなゆとりがもてるようになると考えられた。

Ｔは，友達に問題を指摘されて素直に受け入れているＡ男に弁明の機会を向けるが応えようとしない姿を見て，Ａ男の自己評価が下がっていて，「いじめられる自分が悪い」と感じる被害生徒特有の心理に陥っているのではないかと気になった。Ａ男はいったん心を許し始めると，自分に出来そうもないことまで言語化してしまいがちであり，ＴはＡ男が自分自身の課題に直面して考えようとしている姿勢は評価できるが，気持ちがあっても誰しも自分がそんなに簡単には変われないものではないかと生徒たちに語った。「直せって言われても，すぐには変えられない」と引き取って続けている生徒がいるのを見ると，生徒たちにもＡ男の力が及びがたいものであることもどこかでは感じていると思われた。素直に生徒たちの提案に耳を傾けるＡ男に対して，スポーツならできるという励ましを送る生徒たちの姿からは仲間も気持ちを動かされたことが感じられる。「集団を共にする生徒たちの支え」はＡ男の成長を促し，生徒たちとの間に信頼関係が醸成されるという「よい意味での循環」が生まれ，個人的な治療場面では得られないグループでのアプローチの意義が感じられた。

（3）絵を描く共同作業ではグループの中で自分の居場所を見つけて他者とのともに生産的な行動ができるのが，子どもたちにとっては何よりうれしいことなのだろうと感じられた。自己表現が受け入れられて共に力を

出し合う関係が成立すると，いじめは影を潜めることが感じられる。

（4）グループを終えた生徒たちの発言からは，グループがふだんは話さないいろいろな立場の友人の話を聴き，互いの発言に刺激されて友人関係や自分のあり方に直面して考える機会になっていたことが分かった。互いに癒されて気持ちの持ち方が変わったり，抑制的な自分に気づいたり，集団での関係を見つめて自分の動きを考えるようになったり，それぞれ生徒によっていろいろな成長が見られた。ふだんの生活の中では表現しない自分を表現しても集団から見放されない「安全な場」として生徒がグループを感じたとき，自己表現が促進され互いを理解することにつながったものと考えられた。

（5）グループ・ディスカッションの経過を振り返ってみると，「いじめ」問題には建前と本音，加害と被害（感），共感と利害，表現への抵抗と欲求，大人の介入への拒否と期待など，いろいろなレベルでの「両価性」が輻輳して絡みあっていた。その結果，話し合いは直線的には進まず，互いの自己表現が深まることによって初めて「問題への基本的な思考を始めることができる」と感じられた。生徒たちが「解決しなくとも粘り強く話し合いを行う」意義に気づいたことは，自分と他者の生きざまを感じながらも，それぞれが自らの生存をかけて友人関係を築いていくということがいかに難しいかを漠然とでも感じたのではないだろうか。集団内での自己表現の促進がいじめ解決に果たした役割を考えると，互いの表現を共感的に聴き合うことにより，「生徒たち自らが集団内で起こっているいじめに直面することにつながった」ことや，話し合いを通して「互いの関係や自分自身のあり方を振り返り，共に解決することの意義を生徒たち自身が認識するようになった」ことがあげられる。

3．Tの介入について

（1）集団との関係を作る：円陣になって生徒たちと対等の位置に座って，いきなり始まった遊び感覚のいじめや笑い合いの前に，Tにとっては

まず，集団と自分との関係を成立させることが必要であった。生徒と同列に並んでみると，生徒たちの集団は大人が外から，あるいは壇上から集団をとらえるのとはまったく様相を異にしていた。大人には予想できない力関係が，様々な角度に働いているのが，同時平行でTの目に飛び込んできた。一人でその一つ一つには対応できるものではなく，十分対応できないことを感じることが，また集団からのおびやかされにつながりそうであった。「笑い」を「そこまでいじめと考えるべきか」と躊躇したり，個人の背景に見える課題の大きさに発言を控えたりすると，「介入するタイミング」は瞬く間に通りすぎていく。集団への課題の遂行と個人への介入の両方を行うことの難しさを身を持って感じ，教師の日常の難しさに共感的な思いを持った。初期に，男女交互の席になるという指示を譲らず待ったり，一つ一つの発言をTがかなりはっきり繰り返してそれを生徒の耳に届けていたのは，注意をTにひきつける結果を生み，無意識にだが集団をコントロールしていたと考えられた。

　（2）「しらけ」や「抵抗」との応酬：次に苦労したのが，生徒たちから発せられる話し合いへのしらけや抵抗との応酬であった。生徒たちにとっては「外」の者をそう簡単には「内」である自分たちの人間関係に踏み込ませない，中学生として発達的にみて当然の意識であるとTは感じていた。ある意味では，このグループは問題への直面が難しい中学生（多摩研2000）に，直面化を促し続ける取り組みだったとも言える。Tが，漠然とした問いかけをしたり，迷いながら問うているときには，生徒たちからは思うような返事が返ってきにくかった。しらけている場で一つ一つ生徒の発言を丁寧に拾い繰り返すことにより，何とか生徒たちの発言を紡ぎ，生徒たちの気持ちや言葉を引き出しているようだった。その時，子どもたちが使う言葉の中から子どもに響く言葉を，Tが用いて語りかけていくことも有効であった。生徒の注意が散漫になるとき，Tは何回も「○○が言っているよ。聴こう」と言って生徒に「聴く」よう伝えている。Tのその動きが，グループを終えて，いじめられた人の話を「聴いて支えになってあげる」，

加害，被害も入れて「全員で」「根気強く話し合う」という生徒の言葉につながったと考えられ，Tの態度が生徒たちのモデルになっていることを感じさせた。

（3）Tの意図を生徒に砕いて伝えていく：また，生徒たちから疑問を呈される度に言葉を合わせながら，繰り返し，Tの趣旨を伝えている。生徒の方の抵抗する気持ちも生徒の立場に立てば尤もなものであるだけにそれを受けとめながらも，Tが「自分の考え方を生徒たちに伝えていく」ことも生徒を動かしていく上で重要だったと考える。繰り返される応酬の中では，T自身のいじめ問題への考え方や人権意識などが安定していることの必要性を感じた。抵抗も大きかったが，「生徒が本気になるとTの想像を越えた貴重な言葉が出てくるものである」ことも実感した。子どもたちの持っている力に感嘆し，「生徒の力を引き出す」ことに大人側が真剣に取り組む意味があることを強く感じた。

Ⅳ　おわりに

いじめに関する研究を続けてきた中で，いじめの予防や対処について子どもたちの集団内での「自己表現」が重要な観点であると考えた。本稿は，その自己表現を実際に集団の中で促進する試みをした基礎的研究（都研1999）の一部を加筆修正したものである。限られた機会であり個々の生徒たちへの受けとめきれなかった思いや，生徒たちへの投げかけ方にもう少し工夫ができたのではないかなどいろいろな思いを残して終了している。

本稿を終わるに当たり，研究に協力いただいた中学校の生徒の皆様や校長先生をはじめとする先生方のご協力に感謝いたします。また，筆者が協力研究員（1999年度）を勤めさせていただいた東京大学大学院教育学研究科附属・学校臨床総合教育研究センターでは近藤邦夫先生はじめ諸先生方に，この実践を振り返りいじめ問題を考える上で多くの示唆をいただきました。記して感謝いたします。

参考文献

1) 東京都立教育研究所〔都研〕(1995)「いじめ問題」研究報告書――いじめ解決の方策を求めて.
2) 東京都立教育研究所(1998)「いじめ問題」研究報告書：いじめの心理と構造をふまえた解決の方策.
3) 加室弘子,岡本淳子,多賀谷篤子,岩村由美子(1997)いじめ：現状と展望 思春期青年期精神医学 7巻2号, JSAP.
4) 加室弘子,岡本淳子,多賀谷篤子(1999)いじめ問題の解決に向けて自己表現を促す試み：中学生を対象にしたグループ・ディスカッションを通して」 東京都立教育研究所.
5) 岡本淳子(2000)いじめ問題の解決に向けて 自己表現を促す試み中学生を対象にしたグループ・ディスカッションを通して（都立教育研究所，報告書）をめぐって。東京大学大学院教育学研究所附属・学校臨床総合教育研究センター年報, ネットワーク1999年第2号.
6) 岡本淳子(2000)中学生のいじめ問題にみる本音 森武夫監修 村松励, 生島浩, 藤掛明編 ケースファイル非行の理由 専修大学出版局.
7) 多賀谷篤子,岡本淳子,加室弘子,北村洋子(2000)子どもたちの人間関係におけるいじめの変容過程の一考察 日本精神衛生学会誌 こころの健康 Vol.15 No.2.（通巻30号）
8) 浜田寿美男,野田正人(1995)事件のなかのこどもたち：「いじめ」を中心に 岩波書店.
9) 生島 浩(1998)非行臨床における心理的援助の方法 生島浩・村松励編, 非行臨床の実践 金剛出版.
10) 丸山 隆(1998)学校危機における心のケアについて 村山正治・山本和郎編, 臨床心理士のスクールカウンセリング 誠信書房.
11) 東京都立多摩教育研究所(2000)中学生の友人関係に関する研究(2).

コメント6

近藤　邦夫

　この実践の出発点は，次のような認識，つまり，①「いじめ」という問題は「いじめにかかわる個々の子どもの問題」ではなく，「子どもたちの一見平穏に見える日常の生活の中で深く進行している」現象，「子どもたちの集団を場として人間関係の齟齬の中に生じる問題」である，②この「いじめ行動」や「（集団内の）人間関係の齟齬」には，それに関わる子どもたちの「心理」が深く関与しているのだが，日常生活の集団の場の中ではそれが十分に「表現されていない」，③この傾向は「自我意識が高まり仲間関係にも葛藤が多く見られる中学生段階で顕著である」，そして，それゆえに，④いじめ問題の基本的な解決には，いじめ行為を制止する指導だけでなく，「生徒たちのなるべく日常に近い仲間関係の中で自己表現を促進すること」が必要である，という認識にある。

　これらの認識は，岡本たちの長期の地道な調査研究の成果でもあるが，この実践の大きな意味は，研究が示唆した基本的な解決策を忠実に具体化し，心理臨床家が，「学校」という子どもたちの日常の仲間関係の場の只中に入り込み，「学級」という彼らの生活単位全体を対象にして，「学級集団」そのものの人間関係やコミュニケーションの様式の変化を促す介入を行ったことにある。クライエントの生活の場とは離れた場で治療的介入を行う理論と技法を学んできたわれわれ心理臨床家にとって，これは，大きな勇気を要する，困難な仕事だったと思う。

　本書の主題に合わせて，私が学んだこと考えたことを整理すると，次の2つになる。1つはA男について，もう1つはA男の変化を促したものについてである。

A男をめぐる人間関係の「悪循環」　ここに記されたA男の姿は,「暴力を振るう」と言われる生徒が,実際の生活場面の中でどのような気持ちを抱き,どのように自分を表現し,他者との間でどのような関係を築き,集団の中でどのような位置に追いやられていくかについて,ある特徴的な側面をビビッドに描き出している。

　第1の特徴は,たとえばA男が第1回のセッションで「本を数万冊,3秒で読める。スキーは得意で80度の坂を直滑降で降りる」と自己紹介し,第3回のセッションで「不登校傾向の生徒が自分より遅刻が多いので,A男は優位に感じ,自分は『部活にも出席した』と嘘を語る」というように,見え見えの嘘をついて,自分を大きく高く見せようとする姿である。このような姿は,しだいに,友人たちの中に,「ばかばかしい!」という侮蔑感,「嘘つきマン」という不信感を生み出していく。

　第2は,「(A男は)自分から喧嘩を売ってきて殴られる」「人のものを盗ってわざと相手を怒らせる」と言われるように,「わざわざ自分から,自分の不利になるようなことをする」と他者には見える行動をする姿である。「本当は人に近づきたいのに,人にばかにされ嫌われる行動をとる」と言われる場合もある。このような存在に対して,他者は,言いようのない「不可解感」を抱き,「わけの分からない,変な人」と感じて,距離をとり始める。

　第3は,「自分が悪いのに相手にやられてるみたいなことを言ってきて,自分がいじめられているみたいに考えるってすごい嫌な感じ」と友人に映る姿,周囲には「A男が悪い」と明らかに思えるのだが,本人は逆に「やられた」「いじめられた」という被害感を抱いているという,周囲との大きなギャップである。まわりの他者はこのような言動に触れるたびに,「身勝手な」「我がままな」「自己中心的な」「人のせいにばかりする」人間として彼を眺め,嫌悪感を強めていく。

　第4の特徴は,「教師や友達が詰め寄っても自分の行動(の非)を認めず,逃げたりしらを切り通すことが多い」と,他者に感じられる姿である。

上述の第4の特徴と深く関連する行動なのであろうが，友人との間にトラブルがあった時に，しかも非は明らかにA男の側にあると思われる時に，A男が自分の非を認めず，「逃げたり」「しらを切り通す」という行動をとることの対人的影響は，実は，極めて大きい。「謝って，許される」という，人間関係を回復する連鎖が，そこで断ち切られてしまうからである。教師の中にも，友人たちの中にも，「反省しない」「逃げる」「ずるい」「汚い」人間という印象が生まれ，激しい怒りと嫌悪感を引き起こす。「A男に忠告しても無駄だ」と言い捨てた女子生徒の言葉は，この怒りを表現したものであろう。

　そして最後の特徴は，「暴力」という表現行動そのものがもたらす影響である。他者は「暴力」という行動そのものに反応し，「怖い」と感じ，彼に近寄らなくなる。近づいていくと「何が返ってくるか分からない」不気味な存在と見なし，自分たちと共通の基盤の上で関係を取り結んでいける相手（仲間）とは見なくなり，警戒の眼差しを投げかけながら遠ざかっていく（この，言葉にならぬ眼差しこそ，彼を最も脅かすものであろう！）。

　A男のこのような対人的行動は，岡本が示唆するように，彼の「（友人への）親和感情」や「仲間に振り向いてほしい」という気持ち，あるいは「他者から攻撃されることへの恐怖心」や「無力感や悲哀感」をあらわすものなのだが，しかし，友人たちにはそのような気持ちの表現としては伝わらず，逆に，A男に対する「侮蔑感」「不信感」「不可解感」「怒り」「嫌悪感」「恐怖感」や，「近づかない」「相手にしない」「遠ざかる」という行動を誘発し，さらに，友人たちのこのような感情や眼差しや行動が，A男の中の疎外感や孤立感や被害感や無力感や悲哀感をいっそう強め，上述のような行動をさらに増幅させるという際限のない悪循環が生まれてくる。岡本の記述は，「暴力を振るう」と言われる生徒が日常生活の場面で追い込まれるこのような対人的状況を鮮やかに描き出し，「暴力」や「いじめ」という問題に取り組む時にわれわれが介入すべきターゲットを鋭く示していると思う。

A男の変容とその背景　岡本の介入は,「学級」の中で生じているこのような悪循環を,「学級集団」に直接働きかけて解きほぐそうとする試みでもある。そして, 介入の成功を支えた大きな転換点は, 彼女も指摘するように, 2回目のセッションにあったと私も思う。①治療者がA男に対する不満の表現を促した時に,(「しらけ」や「ふざけ」に満ちていたそれまでの)グループの雰囲気が一変し, 生徒たちが共有していたA男への怒りを表現し, 彼らが自分の気持ちに向き合いそれを表現することに本格的に取り組み始めたこと, ②この表現を通して, A男の暴力や勝手な行動に「皆が限界にきていた」ことを治療者が実感し, 同時に, このような友人たちの感情に対してA男は「いじめられた」と被害感を抱いていたのだという洞察が治療者の中に生まれ, ③この治療者の実感と洞察に基づく促しを契機に, 生徒たちの間に, A男の側の気持ちへの探究が始まり, ④「A男が加害者で, 私たちは被害者」というそれまでの構図が揺らぐ, という重要な動きがこの回に一挙に生じている。

　加害者であるA男の側の気持ちへの探究を促し, A男と周囲の生徒との関係を改善しようとするこの種の試みは, これほど簡単に成功することはなかなかないのだが, しかしここでは生徒たちを深く動かしたように見える。夏休み後の3回目のセッションでのA男の姿にそれが如実にあらわれている。「自分が話しかけて友達はちゃんと応えてくれているのに, その時には自分はもう遊んでしまっていてそれを聞いていない」と, 周囲を苛立たせてしまう自分の行動を振り返り(つまり, 彼の側でも「僕が被害者で, みんなが加害者」という構図が揺らぎ), さらに, 自分の行動が相手にとってひどい迷惑であることが感じられると「僕自身嫌気がさして『あーあ』って感じになってしまう」と, 自分の中の葛藤や挫折(無力感や悲哀感)を表現するという, 驚くほど大きな変化が生じている。このような自分への気づきとそれを他者に知られることこそ, 彼が最も恐れてきたことであったろうに……。

　このような急速な展開を促した要因は何なのだろう？　おそらく, 夏休

みをはさむ，2回目と3回目のセッションの間に，A男に対する級友の態度あるいは学級集団全体の雰囲気が大きく変化し，他の生徒と同様にA男もこのようなことを安心して語れるようになっていたのであろう。岡本の記述は，本書の主題に合わせて，A男に焦点を合わせたものになっているが，じっくり読むと，グループそのものはA男をめぐる問題の解決のためのものではなく，それぞれの子どもがそれぞれの思いと葛藤に向き合い，それを表現し，その解決に取り組むプロセスであったことがよく分かる。斜に構えたB男，無口で模範生的なC男等の，色合いの違う成長と変容にそれがよく表れている。A男が感じた安心感は，一人一人の生徒がそれぞれの課題に向き合いそれを表現する過程で，彼の課題も他の生徒と同じ重さをもつ彼独自の課題として見えてきて，同じように苦しむ「仲間」としてみんなに認知されたことに由来するものではあるまいか。

　A男が，生活の場とは別な場所（病院や相談機関）でその「問題」を治してもらって再び生活場面に戻ってくるのでもなく，あるいはその「問題」ゆえに集団生活をともにする資格なしと生活場面からはじき出されるのでもなく，彼のかかえる「問題」もみんながそれぞれにかかえる重たい課題と同種のものとして受けとめられ共有される空間に集団そのものが変質する中で彼も癒されていくという過程を促進したところに，この介入の貴重な意味があると思う。

コメント6を読んで

岡本　淳子

　この実践はいじめ問題にかかわる一連の研究の最後に行われたものである。近藤先生のコメントを受けてこの実践を振り返ってみると，次のようなことが印象深く思い出される。

　1つは，計画段階で感じたことであるが，「いじめ」問題は「学校」として取り組まなければならない重要な課題であるという認識はありながら，いざ正面からこれをテーマに取りあげるのは，学校にとって不安が大きいものであると感じられたことである。特に，「学級集団そのものの人間関係やコミュニケーションの様式の変化を促す介入」である今回の計画は，子どもたちから何が出てくるかわからない怖さや，子どもたちの自己表現を事後に収拾できなくなる可能性も感じさせる不安をもたらすものであったのだろう。

　もう1つは，グループを進めていた過程での苦労である。「子どもたちの日常の仲間関係の場の只中に」入り込んでいくことにより，ふだんの相談室という，こちらの土俵に子どもが来てくれて関係を形成していくのと違って，担当者にとって，ともすれば足元の砂が波にさらわれて引くように立つ場所がなくなるような，脅かされる状況におかれた。特に，しらけやふざけとの攻防で最もその苦労を感じさせられた。また，A男をめぐる悪循環の過程でも，子どもたちの幾重にもなった心理が，生活を共にする仲間同士の間で激しく反応しあい，抵抗感を強くして担当者にぶつけられたと考えられ，担当者がたじろぐ場面を引き起こしていたと思われる。

　最後に，そのように抵抗を示していた子どもたちだが，いざ真剣に「話し合い」に直面したとき，それぞれに力を発揮し集団を基盤にしてめざましい成長が感じられたことである。A男の成長も，彼らによって支えられた

と感じた。生徒の成長の様子から，同じ場に存在して同じ刺激を受けながら，生徒によって反応する個所や反応の仕方がまったく違い，それぞれの成長の仕方の多様さが見られたこともグループの意義深さであった。近藤先生が子どもたちの間に多様な感情が渦巻いていることを指摘されたが，それらはちょうど生きた多面体のプリズムが複数いるようであり，光の当たった側面が光を反射し，それを受けて別の側面が光り，相互に輝きを作り出し合っていくように思えた。正義感の強い生徒ははじめ加害のA男に怒りをぶちまけていたのに，A男に冷やかな女子の一言で，A男を弁護しA男の被害的心境を代弁しはじめて皆に訴えるというまったく方向性の逆転をみた。A男はその後キレやすい自分に向き合っている。B男は，担当者が加害のA男を「仲間の一人」として話題にしようとする進め方に疑問を呈し斜に構えていたが，「話し合い」の意義が実感できると率先して積極的になっていき，生産的な態度がグループ内にとどまらず学習面にまで広がった。C男はそれまで模範的にふるまっていたのに，抑えていた攻撃性がA男の一言でキレると，以後攻撃性の表現が止まらなくなったが，本人の実感は抑制がとれて，自由に，快感を伴い，自信をもって自己表現ができるようになったと述べた。近藤先生に指摘いただいたことで各々が抱えていた課題を振り返ってみると，正義感の強い生徒は攻撃性が暴発しやすいという課題に，B男は斜に構えがちな課題に，C男は抑制が強く過度に適応してきたという課題にグループの中で向き合っていたと考えられる。近藤先生が着眼された，「グループが急展開した2回目と3回目のセッションの間の変化」を思い浮かべると，「学級集団の雰囲気の変化」として，2学期になって「学級がとても落ちついてきた」と他の教師たちに言われると，担任がうれしそうに語っていたことを思い出した。A男への怒りの表現を皆で共有できたことで，生徒たちの間で溜飲が下がったような落ち着きが得られたのだろうか。学校教育の中では，否定的な感情表現はしっかり受けとめられる機会が少ないが，場を制限してでも表現を受けとめていく工夫が必要であると感じられた。それがA男への攻撃だけに終わらなかっ

たことで，生徒たちも「話し合い」に肯定的な評価をもてていたと考えられる。生徒たちが，「A男と同様にそれぞれに課題をかかえる仲間」として受けとめ合う空間になっていたことで，グループがA男を受けとめ癒す集団になっていたことに近藤先生のコメントによって気づいたが，終盤のA男への「対等な語りかけ」にそれがよく表れ，それぞれの成長も納得がいくものであった。

子どもたちの成長を支えるグループの力強さに惹かれて，再度取り組みができる機会を期待したい。グループに投げかけるテーマやプログラムを工夫し，子どもたちがもう少し楽に取り組めるものにしたいと考える。入り口は違っても，子どもたちの「話し合い」は，継続していくことにより，同じ到達点に及ぶと考えられるからである。

編者略歴

中村伸一（なかむら　しんいち）
1975年　順天堂大学医学部卒業
1978年　順天堂大学医学部精神医学教室卒後研修プログラム修了
1989年　中村心理療法研究室開設
現　職　中村心理療法研究室室長
　　　　順天堂大学医学部精神医学教室助手
著　書　家族療法の視点（金剛出版）

生島　浩（しょうじま　ひろし）
1956年　東京に生まれる
1979年　一橋大学社会学部社会学科卒業
1979年　法務省に入省し，横浜保護観察所の保護観察官，法務総合研究所室長研究官などを経て
1992年　筑波大学大学院修士課程教育研究科カウンセリング専攻修了
2000年　法務省浦和保護観察所観察第一課長
現　職　福島大学大学院教育学研究科助教授
著　書　非行少年への対応と援助（金剛出版），悩みを抱えられない少年たち（日本評論社），
　　　　ケースファイル　非行の理由（共編著　専修大学出版局）他

執筆者略歴（執筆順）
吉川　悟（よしかわ　さとる）
1958年　滋賀県に生まれる
1983年　和光大学人文学部卒業
1986年　大手前ファミリールーム勤務
1989年　システムズアプローチ研究所勤務
1997年　コミュニケーション・ケアセンター勤務
現　職　システムズアプローチ研究所所長
　　　　コミュニケーション・ケアセンター所長
　　　　湖南クリニック思春期外来担当
著訳書　家族療法（ミネルヴァ書房），システム論から見た学校臨床（編　金剛出版），システ
　　　　ムズアプローチによる家族療法の進め方（ミネルヴァ書房）

和田多佳子（わだ　たかこ）
1957年　熊本県に生まれる
1980年　立教大学文学部心理学科卒業
　　　　長谷川病院勤務
現　職　長谷川病院社会事業部PSW室室長

細水令子（ほそみず　れいこ）
1979年　立命館大学産業社会学部卒業
1982年　神戸少年鑑別所
1986年　京都医療少年院
2000年　和歌山刑務所（企画部門，教育担当）

広沢正孝（ひろさわ　まさたか）
1957年　東京都に生まれる
1985年　東北大学医学部卒業
1985年　順天堂大学精神医学教室へ入局
1989年　順天堂大学医学部附属順天堂越谷病院勤務
1999年　順天堂大学医学部附属順天堂医院勤務
現　職　順天堂大学精神医学教室講師
著　書　分裂病の精神病理と治療7巻，8巻（共著　星和書店），精神分裂病－臨床と病理1巻，2巻（共著　人文書院），精神科症例集4巻（共著　中山書店），精神科ケースライブラリー1巻（共著　中山書店），臨床精神医学講座1巻，2巻（共著　中山書店）他

田中研三（たなか　けんぞう）
1949年　兵庫県に生まれる
1972年　京都大学教育学部卒業
1974年　法務省・大阪保護観察所に勤務
現　職　京都保護観察所保護観察官
　　　　京都市教育委員会　スクール・カウンセラー

岡本淳子（おかもと　じゅんこ）
1945年　東京都に生まれる
1968年　早稲田大学第一文学部卒業
　　　　哲学科心理学専攻
　　　　東京臨床心理研究会勤務
1970年　東京都立教育研究所勤務
1999年　東京都立多摩教育研究所勤務
2001年　東京都教育相談センター勤務
現　職　東京都教育相談センター主任（教育研究）
　　　　日本女子大学非常勤講師
著　書　児童期の課題と支援（共著　新曜社），ケースファイル　非行の理由（共著　専修大学出版局），『現代のエスプリ』407号・特集「学校心理臨床と家族支援（共著　至文堂）」

特別寄稿
近藤邦夫（こんどう　くにお）
1942年　東京に生まれる
1965年　国際基督教大学卒業
　　　　東京大学学生相談所相談員，千葉大学教育学部助教授等を経て
現　職　東京大学大学院教育学研究科教授
著　書　教育と子どもの関係づくり（東京大学出版会），子どもと教師のもつれ（岩波書店），子どもの成長　教師の成長（共編著　東京大学出版会）

検 印
省 略

思春期青年期ケース研究 9
暴力と思春期

発　行	第1刷　2001年6月5日
編　者	中村　伸一 生島　浩
発行者	山内　重陽
印　刷 製　本	新協印刷㈱ ㈲共　伸　舎
発行所	岩崎学術出版社 東京都文京区小日向1の4の8 電話　代表（3947）1631

2001年　岩崎学術出版社Ⓒ　｜　乱丁・落丁本はおとりかえいたします。

ISBN4-7533-0102-8

■思春期青年期ケース研究
編集・思春期青年期ケース研究編集委員会

本シリーズは思春期青年期全般，精神医学，臨床心理学の領域で，多様なケースを詳細に取り上げ，臨床に携わる方々に若者の心の臨床を生の姿で伝えるものである。

- 第1巻 **摂食障害**
  小倉清・狩野力八郎責任編集
- 第2巻 **境界例**――パーソナリティの病理と治療
  牛島定信・館直彦責任編集
- 第3巻 **不登校と適応障害**
  齊藤万比古・生地新責任編集
- 第4巻 **感情障害とリズム障害**
  樋口輝彦・神庭重信責任編集
- 第5巻 **女性と思春期**
  中村留貴子・渋沢田鶴子・小倉清責任編集
- 第6巻 **身体化障害**
  成田善弘・若林愼一郎責任編集
- 第7巻 **学校カウンセリング**
  井上洋一・清水將之責任編集
- 第8巻 **虐待と思春期**
  本間博彰・岩田泰子責任編集
- 第9巻 **暴力と思春期**
  中村伸一・生島浩責任編集

■以下続刊

初期分裂病　中安信夫・村上靖彦責任編集

■思春期青年期ケース研究編集委員

小倉　清				
乾　吉佑	井上　洋一	岩田　泰子	牛島　定信	生地　新
笠原　敏彦	狩野力八郎	川谷　大治	神庭　重信	北西　憲二
齊藤万比古	坂口　正道	渋沢田鶴子	清水　將之	生島　浩
高橋　俊彦	舘　哲朗	館　直彦	堤　啓	中村　伸一
中村留貴子	中安　信夫	成田　善弘	樋口　輝彦	本間　博彰
溝口　純二	村上　靖彦	守屋　直樹	若林愼一郎	

対象関係論を学ぶ
◎クライン派精神分析入門

松木　邦裕　著

精神分析的心理療法の実践
◎クライエントに出会う前に

馬場　禮子　著

青年のひきこもり
◎心理社会的背景・病理・治療援助

狩野力八郎　編
近藤　直司

新しい精神分析理論
◎米国における最近の動向と「提供モデル」

岡野憲一郎　著

実践職場のメンタルヘルス
◎管理職から精神保健担当者まで

高野　良英　著

精神科養生のコツ

神田橋條治　著

女性と思春期

中村留貴子
渋沢田鶴子　編
小倉　清

大学生のための精神医学

高橋俊彦・近藤三男　著

痴呆老人からみた世界
◎老年期痴呆の精神病理

小澤　勲　著

親—乳幼児心理療法 　◎母性のコンステレーション	D.N.スターン　著 馬場禮子・青木紀久代　訳
子どものストレス対処法 　◎不安の強い子の治療マニュアル	P.C.ケンドール他　著 市井雅哉　監訳
思春期を生きぬく 　◎思春期危機の臨床実践	R.アンダーソン A.ダーティントン　編 鈴木龍　監訳
近親姦に別れを 　◎精神分析的集団精神療法の現場から	R.C.ガンザレイン・ B.J.ビュークリ　著 白波瀬丈一郎　訳
多重人格性障害 　◎その診断と治療	F.W.パトナム　著 安　克昌・中井久夫　訳
ホーナイの最終講義 　◎精神分析療法を学ぶ人へ	D.H.イングラム　編 近藤章久　訳
メラニー・クライン トゥデイ 　①,②,③	E.B.スピリウス　編 松木邦裕　監訳
乳児の対人世界 　理論編・実践編	D.N.スターン　著 小此木啓吾・丸田俊彦　監訳 神庭靖子・神庭重信　訳
心的外傷の再発見	J.M.グッドウィン　編 市田　勝・成田善弘　訳